12星座で「いちばん神秘の力が宿る」

魚座男子の取扱説明書

監修 來夢 アストロロジャー
櫻井秀勲

著 早稲田運命学研究会

きずな出版

はじめに

なぜか気になる魚座男子の秘密

「どんなときも親切で優しい」

そんな癒やし系ナンバー1が魚座男子です。

「癒やし系」とは、「やすらぎを感じさせてくれる人」です。ギスギスしてしまいがちな毎日で、一緒にいてくれるだけで、穏(おだ)やかな自分を取り戻せる。そこまでいかなくても、なんか気持ちがほっこりするのです。

彼は、目の前にいる人や周囲の雰囲気を優先して、自分を主張したりすることはありません。

自分の感情を抑え込んで、我慢しているのかというと、「そんなことはない」と答えるでしょう。

一緒にいる人に嬉しいことがあれば、自分のことのように喜び、もしも悲しい状況にあるなら、親身になって助けようとします。

その優しさには、打算や見返りを期待するようなことはありません。美しい慈悲の心があるだけなのです。

ですから、魚座の男性は、女性にも人気があります。

星座には、牡羊座から魚座まで12の星座がありますが、優しいタイプといえば、魚座の男性以外にはいないと言ってもいいほどです。

さらに、魚座は優しいだけではありません。

第六感やインスピレーションという目に見えないものを、見たり感じたりする才能を持っています。豊かな想像力を持ち、一瞬でものごとの本質を見抜いてしまう力があります。

その感覚の鋭(するど)さが、本書のタイトルを、『12星座で「いちばん神秘の力が宿る」魚座男子の取扱説明書』とした所以です。

「神秘」というのは、「人間の知恵では計り知れない不思議」のことで、魚座には、そんな不思議を感じとる力があります。実際に、スピリチュアルな職業に就いている人もいるでしょう。

彼のことが気になるのは、もしかしたら、あなた自身もスピリチュアルな魂の持ち主かもしれません。言葉にできない不思議な力で引き寄せられたとしたら、それこそ運命の出会いといえます。

それを検証するためにも、魚座男子に愛されやすいのは何座の女性なのか、二人の関係が発展、持続していくには、どんなことに気をつけていったらいいのか、ということを学んでいきましょう。

その学びが役立つのは、恋愛関係だけにかぎりません。

たとえば魚座の男性が家族であったり、同じ学校や職場、取引先にいたら、あなたにとって彼は、どんな存在なのか、ということも知っておきましょう。

私はアストロロジャーとして、星の教えを学び、それを私とご縁のある方たちにお伝えしてきました。本書は、そんな私が自信を持ってお届けする一冊です。

この本は私の専門である西洋占星学だけでなく、もう一人の監修者であり、早稲田運命学研究会を主宰されている櫻井秀勲先生の専門である性差心理学の視点から、男性と女性の考え方の差についても考慮して、「魚座男子」の基本的な価値観や資質、行動の傾向が書かれています。

「魚座男子」の傾向と対策を知ることで、彼に対する理解が、これまで以上に深まるでしょう。また、それによって、あなた自身の価値観を広げ、コミュニケーションに役立てることができます。

私たちは、誰も一人では生きていけません。自分は一人ぼっちだという人でも、本当は、そんなことはありません。

「人」という字が、支え合っていることからもわかるように、男性でも女性でも、必ず誰かとつながっています。

誰かとつながっていきながら、幸せを模索していくのです。

「おはよう」の挨拶に始まり、「さようなら」「おやすみなさい」で一日が終わるまで、日常的な会話を交わす人、ただ見かける人など、その数をかぞえれば意外と毎日、いろいろな人に出会っていることがわかるでしょう。

私たちは平均すると、一生のうちに10万人と挨拶を交わすそうです。

長いつき合いになる人もいれば、通りすぎていくだけの人もいます。

とても仲よしの人、自然とわかり合える人など、優しい気持ちでつき合うことができたり、一緒の時間をゆったり過ごせる人も大勢います。

相手のプライベートなことも、自分の正確な気持ちもわからないけど、なんだか気になる、なぜか考えてしまう人もいることでしょう。

誰からも嫌われているという人はいません。それと同じで、誰からも好かれるということも、残念ながらありません。

気の合う人もいれば、合わない人もいる。それが人間関係です。

でも、「この人には好かれたい」「いい関係を築きたい」という人がいるなら、そうなるように努力することはできます。それこそが人生です。

そして、そうするための知恵と情報の一つが、西洋占星学です。


「この人は、どんな人か」と考えたときに、その人の星座だけを見て決めつけるのは、乱暴です。「魚座」には、魚座らしい傾向というものがありますが、前でも書いた通り、「自分の意思や思いを主張しない」といっても、それだから悪いということにはなりません。

また、ここでいう「魚座男子」というのは、「太陽星座が魚座」の男性のことですが、西洋占星学は、その人の傾向をホロスコープで見ていきます。

本文でも詳しく説明していきますが、ホロスコープには、「太陽」「月」「水星」「金星」「火星」「木星」「土星」「天王星」「海王星」「冥王星」の10の天体の位置が描かれます。

生まれたときに太陽が魚座にあった人が「魚座」になりますが、太陽星座が魚座でも、月の位置を示す「月星座」がどこにあるかによって、その人らしさは違って見えます。

「私の彼は魚座だけど、癒やし系とは違う」というような場合には、月星座の影響が強く出ている可能性があります。

逆にいえば、月星座が魚座の場合には、太陽星座が魚座でなくても、魚座らしさが強く出る人もいます。

この本では、「魚座男子の取扱説明書」としていますが、月星座が魚座だという男性にも、当てはまるところが多いでしょう。とくに、恋愛関係やパートナーとしてのつき合いにおいては、太陽星座よりも月星座の面が強く出ることもあります。

本書は、「魚座は○○な人だ」と決めつけるものではなく、その星の人が持ちやすい本能ともいえるような特徴などを理解して、よりよい絆(きずな)を築くことを目的として出版するものです。

あなたの大切な人である「魚座男子」のことをもっと知って、いい関係をつくっていきましょう。

アストロロジャー
來　夢

安全上のご注意

魚座男子と、よりよい関係をつくるために

・『魚座男子の取扱説明書』は魚座男子の基本的な考え方、行動パターンなどを知って、よりよい関係性を築くことを目的としております。魚座を含め、すべての星座の男子に対して、理解と優しさを持って、つき合っていくようにしましょう。

・魚座男子及び他のどの星座であっても、最初から決めつけたり、相手の存在や気持ちを無視するような行為はやめましょう。

・魚座男子もあなたと同じ感情や思考を持つ人間です。
意見が合わないとか、気持ちのすれ違いなど、あなたの価値観とは多少の不具合が生

じるかもしれません。可能なかぎり広い気持ちで接することを心がけましょう。

・自分が魚座男子の場合

この本の内容のような印象で、周囲はあなたのことを見ている可能性があります。あなたにとっては、思ってもみないこともあるかもしれませんが、あくまでも傾向の一つとして自分自身を振り返っていただければ幸いです。

身近な人たちからの指摘で納得できること、自分で気になる点などがありましたら、改善をご検討ください。

すでに何かの部分で不具合などが生じている場合は、この本の注意点を参考に、あなたの言動の見直しにお役立てください。

★目次

2
Basic Style
魚座男子の基本

3 Future Success
魚座男子の将来性

4 Love
魚座男子の恋愛

5 魚座男子との相性
Compatibility

6 Relationship 魚座男子とのつき合い方

7
Maintenance
魚座男子の強みと弱点

8 Option 魚座男子と幸せになる秘訣

12星座で「いちばん神秘の力が宿る」魚座男子の取扱説明書

執筆協力＝Julia☆

1

Start Up

西洋占星学と12星座について

12星座の始まり

西洋占星学は紀元前から続いてきた

この『12星座で「いちばん神秘の力が宿る」魚座男子の取扱説明書』は、西洋占星学の12星座の魚座の研究をもとにしています。

西洋占星学のなかの12星座ですが、日本では1950年頃から研究が一挙に進み、現在多くの優秀な占星術師により、もっとも信頼のおける占術(せんじゅつ)となっています。

早稲田運命学研究会会長の櫻井秀勲は1960年頃、「女性自身」の編集部に配属になったことで、恐らく日本初の西洋占星学のページをつくっています。

それ以後、12星座占いは次第にポピュラーなものになっていき、女性で自分の星座名や性格、特徴を知らないという人はいないといってもいいほどです。

この12星座のもとになった西洋占星学は、はるか昔、紀元前の頃から始まっています。

始まりについてはさまざまな説がありますが、世界最古の文明である紀元前5000～3000年頃のメソポタミアの時代に生まれたという説もあります。

ここで重要なことは「文明が興ると占いも起こる」という点です。

これは中国でも同じで、人間は占いなしでは生きられないのです。いや、日本でも武将や貴族たちは、占いを日常的に活用することで、人間の和を保ってきました。

そのようにはるか昔からの長い歴史のなかで、星の動きと自然現象、人間の運命などと結びつけ、細かい情報や研究が受け継がれて、いまのようなかたちになりました。

それだけに、この占いは正確です。

遊び半分の気持ちで読むのは、もったいない。あなた自身の一生を決めるかもしれない情報と知識が盛り込まれている、と思って参考にしてください。

ホロスコープと星の読み方

この地球に生まれた瞬間の星の位置を知る

西洋占星学は、12星座だけでなく、いろいろな情報をあわせて読んでいきます。

・12星座
・10の天体（惑星）
・12に区切られた室（ハウス）

と、最低でもこれらの星と、その星の位置と角度の情報を、一つの円のなかに描いたものがホロスコープ（天体図）といわれるものです。

このホロスコープを読み解くことで、その人の生まれもった資質と運命を知ることができるのです。

ホロスコープ（天体図）には、その人の生まれた日にちと時間、場所による星の配

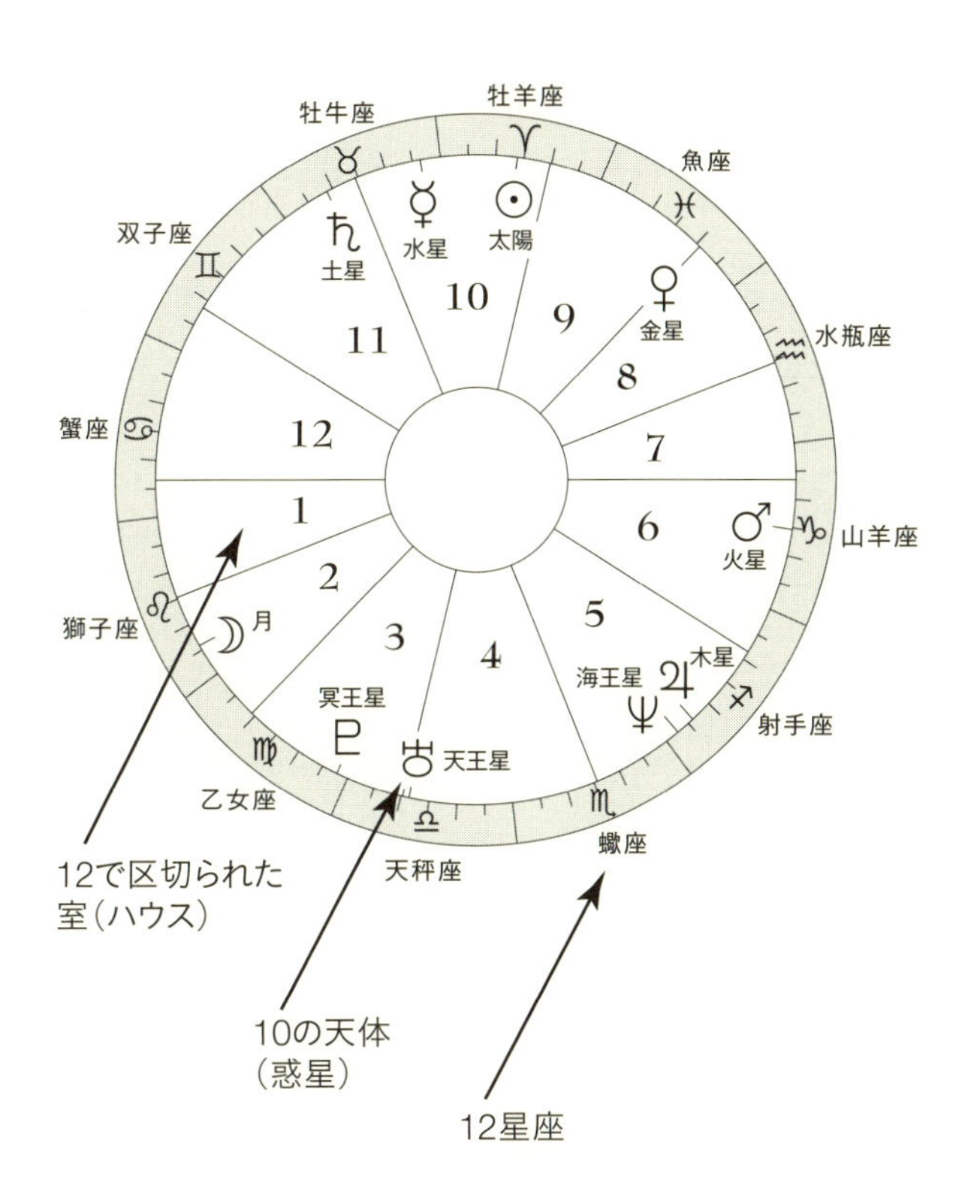

◉ホロスコープ(天体図)の基本

・いちばん外側が12星座

・その内側が10の天体(惑星)

・円の内側の数字は12に区切られた室(ハウス)

置が描かれます。それは同時に、あなたがこの地球に生まれた瞬間の宇宙の星たちの位置を知ることになります。

あなたがこの地球で生きていくために、持って生まれた才能、起こり得る未来の可能性などを記された人生の地図として活用できます。

かつてイギリスとフランスの王宮には、その国のもっとも優れた占星術師（アストロロジャー）が召し抱えられていました。いや、いまでもいるという話もあります。

それこそ、世界の崩壊を予言したノストラダムスや20世紀最高の占い師とされた天才キロも、最初は王宮で認められたのです。

これらの占星術師は国に王子、王女が生まれると、王から命じられて、秘かにその方々の一生の天体図をつくり上げ、それには亡くなる年齢と時期まで書かれていた、といわれています。

それほど当たるということです。

この人生のホロスコープを上手に読んでいくと、たとえば自分の苦手とすることや好きなこと、得意なこともわかります。

自分の好きなことや得意なことがわかると、自信を持って才能をのばしていくこともできます。

また、苦手なことや不得意なことと、どうつき合っていくのかを考える一助になります。あなたの人生において、それらを克服する必要があるのか否かを見極めるのです。必要であれば、挑戦したり、そうでなければ、あえてスルーするという選択もあります。

この本では魚座男子とつき合っている、あるいはつき合うかもしれないあなたを中心に、参考になる情報を提供していきましょう。

守護星となる10の天体（惑星）

これから起こる人生のテーマを教えてくれる

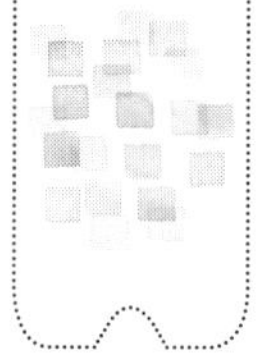

10個の天体（惑星）とは、次の通りです。
ここで大事なのは、占星学では太陽も月も惑星と見なしているということです。

天体（惑星）	記号	意味
太陽	☉	活力・強固な意志・自我・基本的な性格
月	☽	感受性・潜在意識・感情の反応パターン
水星	☿	知性の働かせ方・コミュニケーション能力
金星	♀	愛・美・嗜好・楽しみ方
火星	♂	勇気・情熱・開拓・意志と行動の傾向

木星	♃	発展・拡大・幸せ・成功
土星	♄	制限・忍耐・勤勉
天王星	♅	自由と改革・独創性
海王星	♆	直感力・奉仕
冥王星	♇	死と再生・洞察力・秘密

この10個の天体（惑星）はすべての人のホロスコープにあり、その人の持つ人格や個性のエネルギーを表します。

それぞれの天体（惑星）は、おのおのが違う速度で移動しています。そのために、その天体（惑星）の位置は移動していき、星座は変わっていくというわけです。

たとえば、太陽は魚座の位置にあっても、月は牡羊座、水星は牡牛座というように、「10個それぞれが違う星座の人」もいれば、「2個は同じ星座だけど残りの8個は違う」という人もいます。

一人の人でもいろいろな星座の要素を持っていて、それがその人の「個性」となっていきます。

ホロスコープは、その人の生まれた年月日と時間と場所の情報でつくります。その人が生まれた、その瞬間の星の位置を表しますが、実際にこの10個の天体（惑星）は宇宙に存在して、つねに動いています。いまも動き、進んでいるのです。

生まれた瞬間の天体（惑星）と、いま現在の天体（惑星）の位置関係、そしてこれからも進み続ける天体（惑星）の位置関係を読むことで、その人に与えられたテーマを知ることができます。

10個の天体（惑星）の動きは、計算によって割り出され、いまでは書籍やインターネットなどで、いまこの瞬間の位置さえも簡単に知ることができます。

この10個の天体（惑星）の動き（位置）がわかると、あなたにこれから起きるテーマまでわかってしまいます。たとえば結婚などの人生の転機や、仕事での成果が得られるタイミングなども予測することができます。

けれども、それは予言ではありません。占星学は情報の一つ。それをどう活かすかは、その情報を受けとった人次第です。

たとえば結婚するのにいいタイミングが来ていたとしたら、あなたはどうするでしょうか。

いまの彼との関係を、これまで以上に真剣に考え、お互いの気持ちを確かめることができれば、星の応援を得て、一気に結婚が決まるかもしれません。

「いまの彼との結婚はない」「いまは結婚したいと思う相手がいない」という場合には、新たな出会いを求めて、婚活に力を入れてみることも、もう一つの選択です。

「いまは結婚したくない」と考えて、結婚は「次のタイミング」を待つことにするという選択もあります。

いずれにしても、選択権はその人自身にあるということです。

そして、選択したら、それに向かって努力すること。それなしに、人生を拓(ひら)いていくことはできません。

仕事においても同じことがいえます。「うまくいく時期」「成功しやすい時期」を予測することはできますが、ただその時期をボーッと待つだけでは、たとえそのタイミングが来ても、思ったような展開は望めないでしょう。

成果の出るタイミングが、たとえば2年後だとわかれば、この2年間で何をするのか、ということが重要になります。

この本では魚座の個性について著(あらわ)していますが、今後あなたが自分のホロスコープを見る機会があるときは、あなたの未来のテーマとタイミングも、ぜひあわせて見てください。そしてそのタイミングの機会を逃さずキャッチすることで、これからの計画や、実際に行動を起こすことが変わります。

自分の個性を活かしながら、未来のタイミングをつかんで、自分の人生を輝かせていきましょう。

生きる意思や基礎になる太陽星座

魚座男子は人の気持ちに寄り添うことができる

テレビや雑誌などでよく知られている12星座占いは、「○月○日生まれは○○座」というように、生まれた日にちで星座がわかるように表しています。

本来、西洋占星学は、生まれた日にちだけの星座だけでなく、10天体（惑星）を総合的に読みますが、そのなかでも、生まれた月日の星座は、生きる意思や基本となる資質などを表すため、とてもわかりやすくその人の特徴を知ることができます。

生まれた月日で見る星座は太陽の位置を示していることから、「太陽星座」ともいわれます。

この太陽星座は、その人がどのようにして、この社会で生きていくか、どのような生き方をするかという、その人の社会的人生の基礎となる部分であり、基本となる性格を表しています。

たとえば、生まれた場所や環境は違っても、魚座生まれの男性は、優しいという共通点があります。人の気持ちに寄り添うことができる、見返りを求めない愛情を持っているのです。

生まれた地域や家庭環境、出会う人や関わる人の違いがあるにもかかわらず、同じ星座の人は同じような言動になりがちです。

太陽星座というだけあって、太陽のまぶしい輝きのように、その人はその星座らしくあるときがいちばん輝き、その人らしくいられるのです。

太陽星座は次のように分類されています。

【12の星座】（日にちは二十四節気の中気を目安に、生まれた年によってずれる場合があります）

牡羊座――3月21日（春分）～4月20日生まれ

牡牛座――4月21日（穀雨）～5月21日生まれ

双子座――5月22日（小満）～6月21日生まれ
蟹　座――6月22日（夏至）～7月22日生まれ
獅子座――7月23日（大暑）～8月22日生まれ
乙女座――8月23日（処暑）～9月23日生まれ
天秤座――9月24日（秋分）～10月23日生まれ
蠍　座――10月24日（霜降）～11月22日生まれ
射手座――11月23日（小雪）～12月21日生まれ
山羊座――12月22日（冬至）～1月20日生まれ
水瓶座――1月21日（大寒）～2月18日生まれ
魚　座――2月19日（雨水）～3月20日生まれ

※（　）内が二十四節気の「中気」となります。

感情のパターンを表す月星座

同じ魚座男子でも印象が少しずつ違う理由

太陽は昼間を明るく照らし、月は夜の暗闇の静かな時間に輝きます。

昼と夜があって一日となるように、一人の人間も、表に見せている部分だけがすべてではありません。月にあたる「陰の部分」もあわせ持っています。

陰というと、暗く、悪い面のような印象を持たれるかもしれませんが、そうではありません。ふだんは見せない、隠れている面といったほうがいいでしょうか。それがあるからこそ、その人の人生に豊かさや広がりが出てくるのです。

その人の特徴を表す星として太陽星座が大きな影響を与えていることは、これまでに書いた通りですが、太陽星座の次に、無視できないのが「月星座」です。

太陽星座が社会での行動や基本になる人生の表の顔としたら、月星座は、その人の潜在的な心の動きを表す「もう一つの顔」になります。

月星座は、その人が生まれたときに、月がどの位置にあったかで決まります。

月星座が表すものは、その人の感受性や感情のパターンです。

太陽が生きる意思であり、社会的な生き方である反面、月は感受性や感情という、その人の見えない、隠れた部分となります。

「感情」は、日常のなかで誰もが持つものです。

喜び、悲しみ、怒り、あきらめ、驚き、嫌悪など、一日のなかでもさまざまに感情が動いていくでしょう。

でも感じたことは言葉にしないかぎり心にしまわれて、表に出ることはありません。

それだけ外には見せない「本音の自分」であるともいえます。

その感情の持ち方にも12星座の特徴がそれぞれ当てはめられており、感じ方がその月星座特有の性質となります。

たとえば、太陽星座が魚座でも、感情の月星座は違う星座という場合もあるのです。

社会的にはソフトでやわらかく優しい人に見えても、内面は積極的、という人もいることになります。

月は10個の天体（惑星）のなかでもっとも動きの速い星です。約2.5日で次の星座へ移動します。夜空の月を見てもわかるように、日に日に形を変えて移動していきます。ところで生まれた日の月の形がホロスコープを見るだけでもわかります。

たとえば、生まれた日の太陽（☉）と月（☽）の位置がほぼ重なっていたら、新月生まれとなります。つまり、太陽星座も月星座も魚座だという人は、新月に生まれた人です。

また、生まれた日の太陽（☉）と生まれた時間の月（☽）の位置が真反対の１８０度の位置の場合、つまり太陽星座が魚座で月星座が乙女座の人は満月生まれとなります。これについては『月のリズム』（來夢著、きずな出版刊）に詳しく書かれています。

１ヵ月のあいだでも、月は日々刻々と、位置と形を変えて動いています。

それだけ月は動きが速いので、太陽星座が同じ魚座生まれでも、生まれた日によって月星座は変わります。

太陽星座と月星座が同じ魚座の場合は、生きる意思と感情が同じ星座なので、迷うことなく魚座らしい生き方と感じ方ができます。

反対に太陽星座が魚座で月星座が乙女座だという人は、二つの異なる星座の要素が一人のなかに存在しています。魚座らしい面がある一方で、その人の内面では生きる意思とは違う星座の性質も心に表れてくるので、葛藤や迷いが生まれます。

この葛藤や迷いは、その人だけが感じることであり、周囲の人にはわかりにくいものです。

「月星座」はインターネットで調べることができます。

調べるときは、生まれた月日だけでなく、生まれた時間がわかると、より正確な情報が得られます。月は動きが速いので、少しの時間の差で月星座が違う星座となる場合があるのです。

でもどうしても時間がわからない場合には、生まれた日にちの正午として調べることが通例となっていますので安心してください。

次に月星座の性格と特徴をあげてみましょう。

【月星座の性格と特徴】

牡羊座：目標に向かって積極的に突き進むことができる。熱いハートの持ち主。

牡牛座：温厚でマイペース。こだわりが強い。納得がいかないことには頑固。

双子座：好奇心が強く、言語や情報を扱うことを好む。気まぐれで二面性を持つ。

蟹　座：愛情が深く、世話好き。感情の浮き沈みが激しく、仲間意識が強い。

獅子座：明るく陽気で、想像力豊か。自信家でプライドが高い。

乙女座：繊細で清潔好き。分析力が高く、几帳面。他者への批判精神もある。

天秤座：調和と品格を重んじる。対人関係においてもバランス感覚抜群。

蠍　座：隠しごとや秘密が得意。嫉妬心や執着心が強く、真面目でおとなしい。
射手座：精神的成長や探求を好み、自由を愛する。移り気で飽きっぽい。
山羊座：管理能力と忍耐力がある。出世欲を持ち、堅実的な計算能力が高い。
水瓶座：独創的で、楽天的。多くの人やグループとのつながりや交流が持てる。
魚　座：感受性が豊かで優しさにあふれ、涙もろい。自己犠牲的な愛情の持ち主。
恋愛においては受け身で甘える。相手のことばかり考えすぎる傾向もある。

太陽星座の魚座と月星座の関係

彼の月星座は何ですか？

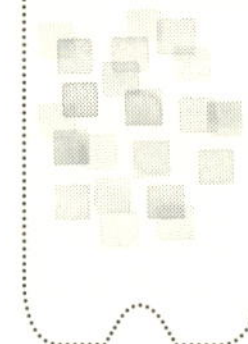

魚座の基本となる性格に、月星座が加わることで同じ魚座でも、感情の部分の違いが出ます。月星座を組み合わせることで裏の顔がわかるということです。

太陽星座が魚座の男子を、月星座別の組み合わせで、その特徴を見てみましょう。魚座の基本的な性格から見れば思いがけない彼の一面のナゾも、これによって納得できるかもしれません。この特徴は男子だけでなく、魚座女子にも当てはまります。

【太陽星座が魚座×月星座の特徴】

魚　座×牡羊座：繊細で衝動的。純粋で世話好き。好奇心のままに行動する。

魚　座×牡牛座：感性のよさは抜群（ばつぐん）。のんびりやでマイペースな聞き上手。

魚　座×双子座：親切で臨機応変。頭の回転が速く、人を笑わせることが好き。

魚　座×蟹　座：親しみやすく感情豊か。家族や恋人にとことん尽くす。

魚　座×獅子座：創造性豊かで目立ちたがりや。情に厚く誇り高い。

魚　座×乙女座：繊細でナイーブ。奉仕の心で困っている人は放っておけない。

魚　座×天秤座：優柔不断で平和主義。順応性が高く、おしゃれでセンスがいい。

魚　座×蠍　座：警戒心が強く物静か。負けず嫌いでエモーショナル。

魚　座×射手座：自由で変化を好む。つねに夢と希望を追いかけていたい。

魚　座×山羊座：合理的で有言実行。責任感があり、豊かな想像力で夢を現実化する。

魚　座×水瓶座：冷静で公平。穏やかな性質で、進歩的な思想を持つ理想主義。

魚　座×魚　座：慈悲深く神秘的。捉えどころがなく優しいさゆえの迷いが多い。相手との境界線がなく、恋愛や娯楽に溺れてしまう傾向も。愛した人と共感することで満たされる。

星のパワーを発揮する10天体の関係

12星座は守護星に支配されている

12星座にはそれぞれ10の天体が守護星となっています。

この守護星は「支配星」や「ルーラー」とも呼ばれており、12星座の基本的な特徴に、10の天体の表す性質が影響を及ぼしています。

長い歴史のなかでも、占星学の初期の頃は太陽・月・水星・金星・火星・木星・土星という7つの星が守護星だと考えられていましたが、その後、天王星・海王星・冥王星が発見され、占星学のなかに組み込まれました。

次頁の表では二つの守護星を持つ星座がありますが、( )は天王星発見前の7つの天体の時代に当てはめられていたもので、天王星発見後も「副守護星」として取り入れられています。

◉12星座と10天体（惑星）

12星座	守護星：天体（惑星）	守護星が表すもの
牡羊座	火 星	勇気・情熱・開拓・意志と行動の傾向
牡牛座	金 星	愛・美・嗜好・楽しみ方
双子座	水 星	知性の働かせ方・コミュニケーション能力
蟹　座	月	感受性・潜在意識・感情の反応パターン
獅子座	太 陽	活力・強固な意思・自我・基本的な性格
乙女座	水 星	知性の働かせ方・コミュニケーション能力
天秤座	金 星	愛・美・嗜好・楽しみ方
蠍　座	冥王星	死と再生・洞察力・秘密
	（火星）	勇気・情熱・開拓・意志と行動の傾向
射手座	木 星	発展・拡大・幸せ・成功
山羊座	土 星	制限・忍耐・勤勉
水瓶座	天王星	自由と改革・独創性
	（土星）	制限・忍耐・勤勉
魚　座	海王星	直感力・奉仕
	（木星）	発展・拡大・幸せ・成功

そのため、蠍座・水瓶座・魚座が、二つの守護星を持っているわけです。守護星のそれぞれの特徴は、前頁の表のように12星座に強く影響します。

魚座の守護星は海王星であり、副守護星に木星を持ちます。

海王星は直感力と奉仕の精神が強く、見えないものを感じとる力があります。

魚座男子は「いちばん神秘の力が宿る」といえるのは、守護星に海王星があるからです。

海王星は太陽系では準惑星を除き、いちばん遠い惑星になりますが、その影響からか、魚座の人は、物事を遠くから見る傾向があります。何か計画を立てるにしても、目の前の明日、明後日のことではなく、未来を見ているようなところがあります。

魚座の副守護星の木星は、発展・拡大を表します。これは制限なく注ぐことのできる魚座の、愛の大きさと広さを意味しています。

海王星と木星。この二つの影響を大きく受けて、魚座らしさというものができているわけです。

2

Basic Style

魚座男子の基本

魚座男子の特徴

完成された精神と無限の愛を持つ星座

ではいよいよ、魚座男子の性格の特徴を調べていきましょう。

西洋占星学では、春分の日（3月21日頃）を1年の始まりの日としています。春分の日から始まる12星座のなかで、魚座は12星座最後の星座となります。

西洋占星学では牡羊座から始まります。牡羊座は生まれたばかりの赤ちゃんのようにエネルギーにあふれ、生きていくための第一歩を踏み出します。その後、牡牛座・双子座・蟹座……と、それぞれの星座の特徴を生かし、少しずつ経験とテーマを経て成長していきます。

その最後に、自己成長、社会性での成長を締めくくる星座が魚座なのです。赤ちゃんから成長し、完成された精神を持つ星座ともいえるでしょう。

魚座の性質を一言でいうなら、それは「優しさ」に尽きます。実際、性別、年齢に関係なく、優しい人が多いのが魚座の特徴です。

でも、「優しさ」ということでいえば、魚座だけでなく、どの星座にも、その星座ならではの優しさがあります。表面的には厳しく見えても、優しさ故の厳しさもあるわけです。

それでも、魚座の特徴的な性質に「優しさ」を挙げるのは、それが際立っているからです。

牡羊座から乙女座までは、自己成長がテーマになります。その後、天秤座から魚座までが、他者と関わりながら、社会のなかでの成長がテーマになります。

自分と他者の、両方の存在を認め、学び、成長し合うのです。

12星座中11番目の水瓶座には、その特徴として、誰もが対等であるという考え方があります。自分自身を認めると同時に、他者も同じように認められることが、水瓶座のテーマだともいえます。

魚座は、それを受けて、他者を認めるだけでなく、他者を自分の一部として包み込みます。そうなると、もう他者に起きることは他人事ではなく、自分事として受けるわけです。

たとえば、悲しみに暮れる人がいれば、自分も同じように、悲しみを感じます。

魚座の優しさとは、自分を愛するように、人を愛するところから生まれています。「自分を愛するように」するというと、まずは自分があって、自己愛の強い人だと思われるかもしれませんが、そうではありません。

もしもお腹が空いている人がいたら、自分の分を減らしても、その人に与えてしまいます。たとえ自分もお腹が空いていたとしても、魚座の人は、人に分け与えることができるのです。

キリスト教の教義は、まさに自己犠牲の精神が記され、イエス・キリストの紋章には、そのモチーフに「魚」が使われていたという説もあります。

ここで注目するべきはキリスト教ということではなく、魚座の愛のスケールの大きさです。

「愛」や「優しさ」が尊いものだということは、誰もが知っています。自分のことだけでなく、他の人にも愛と優しさを持ちたいと思うでしょう。けれども、現実には、やはり自分や自分の家族のことが優先されてしまいます。

時には、血のつながった家族でさえも憎しみ合ったり、奪(うば)い合ったり、ということがあります。愛と優しさで人に接するというのは、言葉でいうほど、簡単ではありません。

ところが魚座は、つねに「愛」にあふれ、「優しさ」をもって生きています。

「人のために」といっても、その「人」は、知り合いなど、具体的に特定できる誰かであることが普通ですが、魚座の愛は、無限です。自分とはまったく関係のない人にまで、その愛は注がれます。

そんな魚座男子の「基本」を押さえておきましょう。

【魚座男子の基本】

守　護　星：海王星・（木星）
幸運の色：マリンブルー・シルバーグレー・ブルー
幸運の数：7
幸運の日：7日・16日・25日
幸運の石：ムーンストーン・エメラルド・アクアマリン
身体の部位：足（くるぶしから下）、神経系
そ　の　他：木曜日・タロット・海の生物

【魚座男子の資質チェックシート】

□　涙もろい
□　見えない世界に興味がある
□　困った人を放っておけない

□ 雰囲気に流されやすい
□ つねに恋していたい
□ 天才といわれたことがある
□ 霊感があるほうだ
□ 論理的なものはあまり好きではない
□ 寂しがりやなほうだ
□ 人とくっつくのは嫌いではない

資質チェックシートで3つ以上「✓」があれば「魚座」の典型男子といえます。

「彼にはまったく当てはまらない」という場合には、彼には「太陽星座」以外の惑星の影響が強く出ている可能性があります。

前にホロスコープについて書きましたが、人が生まれたときの星の位置によって、それぞれの性格や資質といったものの傾向を見ていくのが西洋占星学の基本です。

彼が「魚座」だというのは、太陽星座が魚座だということですが、それは、生まれたときに太陽が魚座の位置にあったということです。

そして、その人の性質の傾向は太陽星座に大きく影響されますが、人はそう単純ではありません。

同じ日、同じ時間に生まれた双子でさえ、その性質には違いがあります。それはもちろん西洋占星学だけでは説明のつかないこともありますが、その人の詳細なホロスコープを見れば、その違いがわかります。

同じ魚座でも、みんなが同じということはありません。

たとえば前でも紹介した月星座を見ることでも、また別の分類ができます。

人によっては、あるいは同じ人でも、つき合う相手との関係においては、太陽星座よりも月星座の性質が強く出ることがあります。

また、「資質チェックシート」で彼に当てはまるものが少なかった場合に考えられるのは、彼があなたに本当の姿を見せていないということです。

魚座には神秘の力があるとお話ししていますが、目の前のことより、いつも遠くを見ているために、彼の話は夢見がちに聞こえます。

いつも優しく、人あたりもソフトな彼なので、自分では、人と交流するのが苦手だとは感じていませんが、周囲からは、「つかみどころがない人」と思われがちです。

急に気分が変わることもあります。

そんな彼の本音を探り、理解していくことが、彼との関係を縮める一歩になるはずです。

魚座男子の性格

柔軟で献身的！　想像力豊か！

あなたは自分の性格をどんなふうにとらえているでしょうか。

性格というものは親からの遺伝によるところも大きいでしょうが、親とはまったく似ていないという人も大勢います。

ではその性格はどうやって形づくられるのかといえば、それは生まれたときの宇宙の環境、つまり星の位置によって決まるといっても過言ではありません。

12星座にはそれぞれ性格の特徴があります。それぞれに、よい面もあれば、悪い面もあります。

魚座男子にも次にあげるような長所、短所があります。

［長所］　　　　　［短所］
献身的　　↕　主体性がない
直感が働く　↕　非論理的
想像力豊か　↕　非現実的
無邪気　　↕　感情に溺れやすい
柔軟　　　↕　お人好し

長所と短所は背中合わせで、よいところであっても、それが過剰に表れれば、短所として他の人には映ります。

魚座は12星座のなかでいちばん心優しい星座です。優しいというのは決して短所ではありません。ですが、その優しさも、時と場合によっては短所になることもあります。それほど人の価値観には大きな違いがあるのです。

魚座は、自分の恋人や友人、家族以外でも、困った人がいたら放っておくことができません。

自分のことよりも人のことを思いやり、自分から相手に手を差し伸べようとします。人の心に寄り添い、助ける……その優しさは、つねに自分よりも人のことを優先し、気にかけています。それが過剰に働ければ、人に振りまわされ、周囲の人たちからは「主体性がない人」と見られてしまいます。

また、魚座は直感が働き、その感覚を素直に信じて行動しますが、他の人たちからすると、あまりにも突飛(とっぴ)で、「理解できない」と思われることもしばしばです。

たとえば、いままで続けてきた仕事を、突然、辞めてしまうこともあります。その理由を聞くと、たとえば「なんだか違う気がする」というような、他の人からすれば「それが理由?」と言いたくなるようなことで、思いきった行動をとります。

魚座は、文字通り「魚」がモチーフになっていますが、魚には小さな魚もいれば、大きな魚もいます。それと同じで、魚座の人には、大きな仕事を成し遂げる人もいれば、小さな仕事をつなげていく人もいます。

直感で動いたことが、功を奏する人もいれば、大失敗の原因になってしまう人もいるわけです。

また、想像力豊かな魚座は、一つのことに集中し続けるということは苦手です。それをしているそばから、想像力はふくらんで、次の興味を引き出してしまうのです。「こうだったらいいな」「こうなるといいな」ということから、「こうしたらどうなのだろう」と、いろいろなイメージが魚座のなかで生まれ、広がっていくのです。

これは、魚座の守護星である海王星の影響が強く出ている結果です。

海王星は、潜在意識や集合意識を表します。また「夢見る星」ともいわれ、神秘的な感覚やインスピレーションを司るのです。

神秘的なものには、どこかぼんやりとして、はっきりと見えなかったり、言葉で言い表せない不思議な力がありますが、だからこそ、美しく、神聖なものだといえるのかもしれません。

そういう力を疑うことなく信じ、行動するのが魚座なのです。

魚座男子は、まるで少年のように素直で、無邪気です。

そんな心があるからこそ、人の感情も敏感に察することができますが、それが行きすぎると、自分の感情のコントロールができなくなることもあります。

相手に感情移入しすぎて、自分のことでもないのに、大きく揺さぶられて、時には、当人以上に自分が傷ついてしまうことがあります。


ここで魚座を説明するのに無視できない、12星座の分類について二つの考え方をお話しします。

まず12星座は、「男性星座」と「女性星座」に分けることができます。

その分類は次の通りです。

【男性星座】……牡羊座・双子座・獅子座・天秤座・射手座・水瓶座
【女性星座】……牡牛座・蟹　座・乙女座・蠍　座・山羊座・魚　座

魚座は「女性星座」に分類されますが、女性星座だから女らしいということではありません。中国には、森羅万象、宇宙のありとあらゆる事物は「陰」「陽」の二つのカテゴリに分類するという思想がありますが、それに当てはめるなら、「男性星座」は「陽」、「女性星座」は「陰」になります。

男性星座は外に向かう意識であり、女性星座は内に向かう意識です。

もう一つは、行動パターンによる分類方法です。

それは、次の「活動宮」「固定宮」「柔軟宮」の3つに分かれます。

【活動宮】……牡羊座・蟹　座・天秤座・山羊座

【固定宮】……牡牛座・獅子座・蠍　座・水瓶座

【柔軟宮】……双子座・乙女座・射手座・魚　座

活動宮は、スタートさせる積極的な力を持ち、意欲的に行動します。

固定宮は、エネルギーを貯蓄し、持久力と維持力があります。

柔軟宮は、やわらかい性質で、変化に対応できる力があります。


この二つの分類から、魚座は「女性星座」であり、「柔軟宮」であることがわかります。つまり、内に向かう意識を持ち、やわらかい性質で、変化に対応できる星座だということです。


そのため、魚座男子は柔軟で、適応力があり、人当たりのよい星座です。

また、同じ「女性星座」で「柔軟宮」でも、乙女座は現実的なものを重視するのに対して、魚座は感情や人の心を重視するという違いがあります。

柔軟な心で人と接するので感じもよく、多くの人に好かれます。でも、人によっては彼のことを「お人好し」だと思っているかもしれません。

お人好しなのは、けっして悪いことではありませんが、そこにつけ入ってくる人もいるので、注意が必要です。

短所と長所は背中合わせです。

「柔軟宮」の人に、積極性や持久力を求めるのは難しいでしょう。反対に、「固定宮」の人に、柔軟性を求めてもうまくいきません。

それぞれに、それぞれの傾向があります。その本質を知ることで、彼の言動の意味が理解できるかもしれません。

自分の思いを押しつけるのではなく、相手の気持ちを尊重する。そのことにいちばん長(た)けているのが、魚座です。

神話のなかの魚座

一つのリボンで結ばれた親子愛が象徴するもの

夜空に広がる星たちは、さまざまな星座を形づくっています。あるときは勇者であったり、あるときは動物や鳥などの生き物、または日常で使う道具となって語り継がれ、その多くは神話として残されています。

夜も暗くならない都会や、空気の悪い場所では、とても明るい光を放つ星以外、星座という形で見る機会は、少なくなってきました。

それでも、そうして神話が語り継がれてきたからこそ、私たちは星座の一つひとつを知り、その教訓を星の教えとして学ぶことができます。

魚座は実際の夜空には、2匹の魚が一つの線でつながっている姿で表されています。

この2匹の魚が、ギリシャ神話では愛と美の女神アフロディーテとその息子エロースの姿とされています。

あるとき、川のほとりで神々の宴会がありました。神々が楽しんでいると、そこに怪物テューポーンが現れました。

暴れ狂う怪物に恐怖を抱いたアフロディーテとエロースは、姿を魚に変え、川に飛び込みます。

けれども川には、たくさんの魚がいます。魚に変身した自分の息子とはぐれないように、アフロディーテは自分と息子の尾をリボンで結んだのです。その親子愛に感動した神々の王ゼウスが、二人の姿を魚座にしたとされています。

このように魚座は親子の愛情を示し、それが魚座の相手を思う心を象徴しているわけですが、この他にも、その本質を表す大切な意味が含まれています。

ちなみに、アフロディーテとエロースは、後の時代のローマ神話では、ヴィーナスとキューピッドという名に変わっています。

リボンで結ばれた2匹の魚は、魚座の持つ両極端の性質を表しているという解釈もあります。

たとえば、「神聖と肉欲」「清浄と汚濁（おだく）」というように、魚座の性質には「神」と「悪魔」が共存しているのです。そのため、聖者になるような資質もあれば、堕落した依存症や薬物中毒者になるような資質もある、というのが、魚座の隠された本質です。

魚座は柔軟で、しなやかな心を持っています。それが美しく、澄んだものであるだけに周囲の流れや環境の影響を受けやすく、神にも悪魔にもなるわけです。

時には目には見えない力までも受けとることができるのです。

魚座男子のキーワード

「I believe」（私は信じる）

星座にはそれぞれ、キーワードがあります。

魚座は、「I believe」（私は信じる）です。

魚座は自分を信じ、周囲の人を信じ、愛を信じています。だからこそ愛を与えることができる星座なのです。ただ人のために愛を注ぎ、そこに幸せを感じるのです。すべてに対して自分のことのように真剣になり、向き合うことができます。人を疑わず、警戒せず、素直に信じることができる。それが魚座の愛です。

また信じるものは、人にかぎりません。言葉、宗教、信仰、思想、いろいろなものを信じています。それは、「何かを信じることで自分を確立したい」「それによって自分の存在の意義を感じたい」という思いがあるからです。

12星座で最後となる魚座は、精神の成長に到達した星座です。けれども、「そこで終わり」ではなく、成長させた精神を次へつなげていくことを意味しています。

夜空に見える魚座は、一本のリボンでつながっています。このリボンは親子のつながりを表していると同時に、次へつなげる役割をも担（にな）っています。

西洋占星学のカレンダーでは、牡羊座（春分の日）で始まり、魚座で一年が終わります。そしてまた、新しい年が始まります。

最後の星座として次の年へつないで、また新しい一年を迎える。魚座は、明るい未来を信じる「締めくくりの時間」になるわけです。

「信じる」というのは、簡単なようで難しいものです。信じようとしても、心のどこかで「恐怖」や「不安」を持ってしまうからです。けれども魚座は、そういうものを乗り越えて、「信じる」ことができます。それこそが、無償の愛であり、慈悲（じひ）の精神といえるものです。

次の章では、そんな魚座男子の将来について見ていきましょう。

3

Future Success

魚座男子の将来性

魚座男子の基本的能力

共感力を発揮して、相手を包み込む

つらいとき、寂しいとき、自分の気持ちをわかってくれる人の存在は、とても励まされます。何か特別なことをしてほしいわけではなく、ただ「わかってくれるだけでいい」ということがあるものです。

そんなときに共感力を発揮してくれるのが、魚座男子です。

彼のソフトで優しい雰囲気に、他の人には言えなかったような思いまで、知らずしらずのうちに話していた、ということがあります。

それほど、魚座男子の汲みとる力は高いのです。

何か相談したときに、一方的にまくし立てられたり、叱られたりすると、思わず引いてしまいたくなりますが、魚座男子は、自分を強く主張することはありません。

だからといって、自分の主張がないわけではありません。

魚座男子は、優しいだけの男じゃないところが、彼の魅力といえます。

彼はすべてを引き受けてくれます。何もかもを包み込んだところから、思いがけない解決策を出してくれることもあります。あるいは、解決策を出すわけではないのに、解決してしまうこともあります。それが、魚座男子の神秘のエネルギーとも言えるものです。

ところで、優しい魚座のイメージでは、お金や出世には無頓着（むとんちゃく）かと思われるかもしれませんが、そういうことはありません。

会社員であれば、ポジションを上げていきたいと思っているでしょう。

魚座男子の求めるステータスは、「威張りたいから」「目立ちたいから」というものではありません。そういうものよりも、自分の存在を認められたいという気持ちのほうが強いでしょう。

どのような人にも分け隔（へだ）てなく、優しい気持ちで接することのできる魚座男子は、

「高い地位にある人だから偉い」「だから自分も出世したい」というふうには考えません。

魚座男子は、褒められることが大好きです。感受性が豊かだからこそ、人からのいい感情をできるだけ多く受けとりたいと思うのです。

そのために努力しますが、計画的に仕事を進めたり、人とうまく交渉したりということは、それほど得意ではありません。

けれども、やるべきことは、最終的にはやり遂げます。

気分にムラがある魚座男子は、周りから見ていると「間に合わないんじゃないか」とヒヤヒヤすることがありますが、結局は「大丈夫だった」ということになります。

それだけの能力がもともとあるということですが、もう一つ、魚座ならではの才能をあげるなら、「誰かが必ず助けてくれる」のです。

その意味で、魚座男子は「愛される星座」です。

誰にでも愛を注ぐ魚座は、その分、自分にも愛を注いでほしいと思っています。

そのために、「褒められる自分」「認められる自分」になれるよう、仕事にも熱心に取り組みます。野心を持ち、高い目標を達成することを夢見ています。

そうしていながら、自分も誰かを助けてあげる存在でありたいと思っています。どんな状況でも、人の心や思いを忘れないのが、魚座男子ならではの特徴です。

実際、仕事で関わっている人全員に優しくしたり、困っている人全員を助けたりということはできません。それでも、「助けたい」「優しくしたい」という気持ちは、いつも心のどこかにあって、忘れることはないのです。

ビジネスの場面では、どんなに優しい人も厳しい態度をとらなければならないことがありますが、どんなに本人が厳しくしようとしても、ハートフルな雰囲気は隠せないのが魚座男子の彼なのです。

そんな彼のそばにいることであなたも人として、女性として心豊かに成長していくことができるでしょう。

【魚座男子のスペック】
行動力：★★☆☆☆（2つ星）雰囲気に流される
体　力：★★☆☆☆（2つ星）心の状態に左右される
情　熱：★★★☆☆（3つ星）恋愛に使う情熱はかなりのもの
協調性：★★★★★（5つ星）人のためなら何でもできる
堅実さ：★☆☆☆☆（1つ星）どこか夢を見ていたい
知　性：★★★☆☆（3つ星）好きなことに偏りがち
感受性：★★★★★（5つ星）直感力は尋常ではない
総合的な将来性：★★★☆☆（3つ星）

魚座男子の適職

自由な発想を活かせる職業が向いている

魚座男子は、その守護星が海王星であることから、水に関わる仕事に向いています。海王星は英語では「ネプチューン（Neptune）」。ローマ神話における海神ネプトゥーヌスにちなんでいます。実際の天体とその名称は関係ないものですが、人でも星でも、与えられた名前によって運命は変わっていくのです。

実際に、イギリスの統計学者ケネス・ミッチェル氏によれば、魚座生まれの選手は、水泳や水球といった種目でのメダルが、それ以外の選手に比べて約30％多かったというデータがあります。

また女性宮であることから、女性をターゲットにしたビジネスも向いています。

魚座男子は「融通無碍（ゆうずうむげ）」といって、考え方や行動にとらわれるところがなく、自由

に仕事をしていきます。大きな仕事でも、小さな仕事でも、その人に合うスタイルで進めていくことができます。

また、魚座男子は、人と接する職業にも向いています。相手の心に寄り添って話をすることで、信頼を得て仕事を進めることができます。魚座男子にとって、それだけで働きやすい環境が整うことになります。

感受性が豊かな彼は、急かされたり、厳しく管理されたりするような職場には耐えられません。そこでの仕事は好きなことであっても、やめてしまうかもしれません。

それだけ繊細な彼は、芸術関係など自由な発想を活かせる職業が向いています。

インスピレーションを仕事に取り入れることで、ストレスを減らし、夢や目標に近づくように努力することができます。

たとえば会社員で、決まった仕事を定時までという環境においても、「目の前の仕事を楽しくするには?」とか「仕事が終わったら○○をしよう」というふうに考えていくと、仕事が楽しくなっていきます。

魚座男子は創造力と想像力に恵まれた人です。

接客業の場合でも、相手が喜ぶことを考え、それをサービスとして取り入れたりすることで、それらの才能を発揮します。

「相手が喜ぶにはどうしたらよいだろう」というふうに、相手の環境や状況を考えることができるのです。


【魚座男子が向いている職業】

画家、俳優、モデル、歌手、芸能関係、ファッション関係、霊能者、占い師、作家、アーティスト、ダンサー、宗教家、心理学者、ダイバー、ヒーラー

【魚座男子の有名人】

森田剛、亀梨和也、竹中直人、向井理、熊川哲也、桑田佳祐、芥川龍之介、三浦知良、鈴木大地、アインシュタイン、水木しげる、鏡リュウジ

魚座男子の働き方

先を読む力で、自由自在に仕事に取り組んでいく

魚座男子の働き方は自由自在です。仕事のスケールに合わせた働き方ができます。

一人の人が請け負う仕事は、たいていは同じくらいの規模になります。1ヵ月の売上が100万円の人は、来月も100万円になるのが普通のパターンです。多少の増減はあるものの、1桁も2桁も変わるようなことはありません。

その数字は、個人の差というよりは、会社の規模や業種によって決まってきます。

そうなると、いつものスケールとは違う仕事はできないようになります。

ふだん小さな仕事をしている人は、大きな仕事が舞い込んでも、それに対応できないということがあります。ふだん大きな仕事をしている人は、小さな仕事のやり方がわかりません。

ところが魚座男子は、どんな仕事も対応が可能です。融通無碍に、取り組むことができるのです。

また、魚座男子は、気持ちを察するのと同じくらい、先を読むことにも長けています。「先を読む」は言葉を換えれば「時代を読む」ということですが、もっと身近に、次の展開を想像しながら進めば、それこそ魚座の想像力を活かすことができます。

会社員でも芸術家でも、先を読む能力は、情報の流れの速い今の時代にはなくてはならない才能です。

世の中の動向を読むというのは、その時代に合わせた商品やサービスを提供するだけでなく、その時代を生きる人たちの生き方や考え方を変えるきっかけになるかもしれません。

それがビジネスとして成功する可能性もあります。先手先手を打てる才能は、経営者にも認められて、より仕事がしやすい環境をつくることができるでしょう。

また、人の気持ちを察するというのは、人が生きるうえで、これほど役に立つことはありません。そういう才能を、魚座男子はつねに活用して生きているのです。

ただし、忘れてはならないのが、魚座は「神聖と肉欲」の両方を持っているということです。

極端に仕事にのめり込む方向性と、逆に、働くことに意欲を持てない方向性の、両極端の要素を持ち合わせているのです。

仕事にのめり込むタイプだとワーカホリック（仕事中毒）になりますし、反対のタイプだとニートや無職のままになってしまう可能性もあるので気をつけましょう。

魚座男子の自分のペースで進めていく仕事のしかたは、どこか憎めない魅力となって、職場の人たちが助けたくなります。そこに甘えるのが上手なのも、魚座ならではの可愛さです。

魚座男子の金運

人のために使うお金が自分に戻ってくる

魚座男子は、お金の使い方も独特です。

そのときの感情や雰囲気で、大金をパッと使ったりします。では、お財布の紐（ひも）がゆるいタイプなのかと思うと、意外と細かい金額が気になっていたりします。

とくに、奉仕の精神と思いやりの心があるので、人のためにお金を使うことには抵抗がありません。

魚座は生きるうえで大前提にしているテーマが、「人のため」です。

寄付やチャリティにお金を使うと、金運アップにつながります。

人が喜ぶことにお金を使い、まわしていくことで、結果、自分の金運を上げるということができるのは魚座の特徴の一つです。

誰かを助けることが、まわりまわって自分に戻ってくるのです。「寄付」という形でなくても、人に親切にしたり、困っている人を助けてあげたりすることで、その徳が自分に返ってきます。

ただし、世の中には人の善意や親切を利用する人もいます。優しい魚座の良心を悪用しようとする人には気をつけましょう。

また、知識や技術を身につけるためにお金を使うのも、後々の収入アップにつながります。

たとえば、興味のある場所、得意な分野でアルバイトをしながら、知識やスキルを身につけることができます。お金を使わず、逆にお金を稼ぎながら、趣味と実益をかねてしまえば、それだけで金運はもうアップしたようです。

魚座は、お金のために戦略を立てたり、人生設計を考えたり、ということは得意ではありません。それよりも、自分の好きなことから収入を得るという流れをつくるほうが、簡単で、生きやすいのです。

また、魚座男子はギャンブルの才能もあります。

ただし、順応しやすい分、流されやすい性格なので、あくまでも運試しや気分転換といった軽いノリで済ませられるくらいに抑えておくほうが賢明です。

直感力を、お金をふやす方法として磨くことも意識しましょう。

人を見る目を養ったり、仕事や時代の一歩先を読み、自分のキャッシュポイントをつくっていきましょう。才能をお金に変えていくこともできるのは、魚座ならではの才能の一つなのです。

魚座男子の健康

足（くるぶしから下）、神経系に関する病気に注意

太陽の位置や月の満ち欠けという星たちの動きは、自然界だけでなく、人の身体にも大きな影響を与えています。

たとえば、太陽の光が輝く昼間は活発に動き、夜になると眠くなるという日常の身体の現象をはじめ、女性の生理周期は月の周期とほぼ同じです。また、満月の夜にいっせいに産卵するウミガメや珊瑚（さんご）の例もあります。人間でも満月の夜に性交する男女が多いことを、以前、英国の軍隊が確認したというレポートもあるほどです。

医学の父と呼ばれるヒポクラテスも占星学を研究し、実際医療に活用していました。

これを占星医学といいますが、12星座の身体の部位の関係は否定できません。

【星座】　【身体の部位と、かかりやすい病気】

牡羊座――頭部、顔面、脳

牡牛座――耳鼻咽喉、食道、あご、首

双子座――手、腕、肩、肺、神経系、呼吸器系

蟹　座――胸、胃、子宮、膵臓、食道、消化器系、婦人科系

獅子座――心臓、目、脊髄、循環器系

乙女座――腹部、腸、脾臓、神経性の病気、肝臓

天秤座――腰、腎臓

蠍　座――性器、泌尿器、腎臓、鼻、遺伝性の病気

射手座――大腿部、坐骨、肝臓

山羊座――膝、関節、骨、皮膚、冷え性

水瓶座――すね、くるぶし、血液、血管、循環器系、目

魚　座――足（くるぶしから下）、神経系

前頁の一覧を見ると、魚座は「足（くるぶしから下）、神経系」となっていて、その部位の病気にかかりやすいのです。

ここで重要な点は、健康問題が起きやすいというのは、その部位をしっかり使っているということです。

魚座の注意すべき部位に「足（くるぶしから下）、神経系」とあります。

魚座は直感力と想像力があるために、神経をつねに使っています。その場の雰囲気や人などからも刺激を受けやすく、また第六感的な直感も持っているので、神経は自然と研ぎ澄まされて休む暇がありません。

そのために、普通の人が見える以上に空気を読んだり、相手の様子や気持ちに敏感になったりします。

魚座が「敏感になる」というのは、「神経質」とはちょっと違います。

たしかに、「気遣いができる」「相手のことを思いやる」という部分では敏感にも見えますが、魚座は相手に寄り添い、同化してしまうのです。自分のことのように思えたり、感じたりするために疲れてしまうのです。

たとえば、相手が困った状況のときに、まるで自分がその状況に陥ったように感じます。相手の悲しい話を聞くと、まるで自分にその悲しいことが起きたかのように、一緒に悲しくなってしまうのです。

そういうことが頻繁（ひんぱん）にあるために、自分の問題以外のことで喜怒哀楽という感情の変化があったり、神経を使いすぎるので疲れてしまいます。

また魚座は「魚」ということもあり、また守護星に海王星を持ちます。海王星は、ギリシャ神話では海や水の神ポセイドンと結びつけられています。そのため魚座は、体内の水分の代謝に影響が出やすい星座でもあります。

体内の水分量、血液、リンパなど身体のなかに流れるものが停滞すると、むくみや他の病気の原因にもなります。

もともと神経をよく使い、心配性な面もあるため、ストレスをためやすい星座でもあります。

疲れたときは、ゆったりと心を解放してリラックスできる環境をつくりましょう。

また足先は、とくに水分や血液が停滞しやすい場所です。日頃からマッサージや運動などで、体内の水分のまわりをよくするように心がけておきましょう。

ストレスがたまったり、身体が疲れたりしていても、相手に心配させまいとして、表に出さない星座なので、無理をしてしまいがちです。

いつも人に優しい彼ですが、身近にいるあなたがそばで気遣(づか)ってあげるようにしましょう。

魚座男子の老後

70代になっても生涯現役を貫く

物腰のやわらかい魚座男子は、年を重ねてもソフトな雰囲気で、その場の空気を和(なご)ませてくれる存在でしょう。

年をとると、若い人たちに偉そうにしたり、ときには説教したりという人がいますが、魚座男子には、そんなところはありません。

人あたりのよさは若い頃と変わらず、同世代の人たちはもちろんのこと、下の世代の人からも好かれます。

病気やケガなどで寝たきりにならないかぎり、趣味や娯楽、ボランティアなどで新しい人たちとも出会い、そうしたつながりのなかで楽しさを見つけていくでしょう。

70代になっても、10代の頃と変わっていないんじゃないかと思うほど、ピュアな部分が魚座男子にはあります。ずっと年下の女性から慕われて、それこそ、生涯現役を実証するような人もいます。

仕事人間の時代は、それこそ時間的な余裕がなかったかもしれませんが、仕事を引退した後は、時間にも心にも余裕ができます。魚座男子の慈悲深さと穏やかな雰囲気は、若い頃以上に醸し出されて、青春を取り戻すかもしれません。

自分のペースで生活したい魚座男子は、年齢を重ねれば重ねるほど、自分の時間を大切にしたいと考えています。

好きなことをする時間。ゆったりと休む時間。そういう心からリラックスできる時間を、誰かと過ごしたいと思っています。

ただし、誰でもいいというわけにはいきません。心配性で、相手の気持ちを優先してしまう魚座男子にとって、居心地のいい相手と空間が必要です。

優しい彼は、パートナーであるあなたとの時間を大切にしてくれます。あなたは愛で包まれた老後をすごすことができるでしょう。

4

Love

魚座男子の恋愛

魚座男子が惹かれるタイプ

ペースを合わせてくれる色気のある女性が好み

誰にでも優しい魚座男子は、女性に対してアレコレ口うるさく好みや理想を言ったり、押しつけるようなことはしません。

けれども、彼のなかでの女性の好みには、結構こだわりがあります。

「美しい女性がいい」

「賢い女性がいい」

「あたたかい女性がいい」

という具合に、細かい好みを数え出すと止まらないくらいです。

ですが実際は、居心地がよく、自分と好みが似ている女性に惹かれます。

魚座男子はもともと優しいので、誰にでも親切です。その分、自分にも優しくしてほしいと思っています。

自分が愛するように、相手にも自分のことを愛してほしいのです。だから、まずは、「優しくされる」ということは大前提なのです。

気遣いのできる魚座男子は、人の気持ちをわかろうとしない人は論外です。人に対して思いやりの心を持つのは、社会人としての最低限のマナーです。人を傷つけたり、自分のことだけを考えて行動したりする人は、信じられません。

また、魚座男子は心配性で、傷つきやすい面もあります。

そんな彼は、自分にペースを合わせてくれるような人に、そばにいてほしいと思うのです。

我が道をいく強い女性や、頼りがいのある女性にも憧れたり心がゆらいだりすることはありますが、「かまってくれない女性」との関係は長く続きません。

「仕事を頑張る女性は好みじゃない?」

そうではありません。

仕事でバリバリ働いている女性でも、彼の前では甘えてみたり、悩みごとを相談したりすると、彼は親身になって力を貸してくれます。

彼の優しさに、あなたが喜んだり、感謝したりすることで、彼も自分の愛に自信がつき、二人の距離は近づいていきます。

また触れ合うことで愛情を確認したい魚座男子は、女性には「女性的な色気」を求めます。

魚座男子は、強い自己主張をしたりすることはなく、基本は、穏やかです。そういう彼の優しくてピュアな気持ちを汲み取ってあげることが、彼にとっての理想の女性になる第一歩です。

魚座男子の告白

いつも近くにいることが彼の愛情表現

受け身になることが多い魚座男子は、好きになった相手には積極的にアプローチするというより、相手の気持ちに寄り添い、自分を合わせようとします。

話を聞くのはもともと得意ですが、気がついたら近くにいたり、困ったことがあると一生懸命助けてくれようとします。それが、彼の愛情表現なのです。

魚座男子は普段から誰にでも優しいので、彼の特別な愛情に、あなたはなかなか気づけないでしょう。もしかしたら「自分は、その他大勢の一人」と、あなたは思っているかもしれません。

でも彼は、好きになった相手には特別な愛を示したいし、守ってあげたいと思っています。

そのため本当は告白したいのですが、相手の気持ちがわかるまでは、自分から告白することはできません。

相手に迷惑をかけたくないという気持ちももちろんありますが、それと同じくらい、自分が傷つくのが怖いという気持ちがあります。

また優しさゆえの複雑さが、彼のなかにはあるのです。

たとえば、

「他に好きな人がいたら、自分が告白したことで彼女が困ってしまわないか」

「フラれたあとでも、いままでと同じようにつき合えるか」

……など、相手を気遣い、思いやるあまり、いろいろなことを考えすぎて、次の一歩が踏み出せないのです。

もしあなたが彼の気持ちを知り、彼のことが好きだったら、先に自分から告白してみるのもよいでしょう。

また、日頃から、彼のあなたへの気持ちを感じたら、

「ひょっとしたら私のこと好き?」

と何気なく聞いてみるのもよいでしょう。

彼が告白しやすい環境をつくると、その優しさが特別なものかそうでないかを確認できることもあります。

彼は、よほどのことがないかぎり、相手を拒絶することはしません。

彼がフリーで、あなたのことが嫌いでないかぎり、受け入れてくれるでしょう。

たとえ、そのときにつき合うことがなかったとしても、あなたを傷つけるようなことはしません。優しい言葉をかけ、それまで通りの友人として受け入れてくれます。

彼ほど、思いやりのある男性はいないでしょう。きっかけはどうでも、あなたが心から彼を愛したいと思うなら、その価値がある男性です。

魚座男子のあふれる愛情は多くの人に注がれますが、やはり愛する人には特別に多く注がれています。その愛情をあなたが受け入れたら、その分、彼に愛を注いであげましょう。

魚座男子のケンカの原因

彼とより深く結ばれる仲直りのコツ

いつも温和な雰囲気で、相手の気持ちを自然と理解しようとする魚座男子は、あまりケンカをしません。

相手の気持ちに寄り添ったり、同調しようとしたりするので、大きなケンカに発展しにくいのです。また本人もケンカをすることで、お互いの気持ちを傷つけるということを嫌います。

そういう魚座男子とケンカに発展するのは、大抵、彼にストレスがあるときです。

そのストレスの原因は、不安な気持ちから起きるものが多いのです。

たとえば、あなたの愛情が感じられなくなったり、足りないと感じたりしていることが、彼にとってのストレスとなっているのです。

魚座男子は12星座のなかでも、とくに優しく、その優しさは見返りを求めるものではありません。

ですが、愛する人には、愛してほしいと思っています。彼の心を満たす愛情を求めているのです。

愛する人とは、「一緒にいる時間はなるべくほしい」と思っています。

そういう気持ちを無視して自分勝手な行動をしていると、彼は取り残されたような気持ちになります。

寂しいと感じてしまうと同時に、「自分のことを愛していないのではないか」と不安な気持ちでいっぱいになるのです。

また日頃から彼は穏やかなので、つい彼の包容力に甘えてしまいます。

気がついたら甘えすぎて、わがままばかり言って、彼にストレスを与えてしまっているのかもしれません。

そのストレスがたまり、それが苛立(いらだ)ちや文句となって出てしまうのです。

「いつも優しいのに、どうして怒るの？」

あなたは、「彼らしくない彼」に戸惑うかもしれません。

いくら優しい彼も人間です。魚座男子は、12星座のなかで最後の星座でもあり、奉仕の心や相手の気持ちを優先します。「人間ができた人」と思われるところもあります。

そんな彼が怒るというのは滅多にありませんが、心を許せる人や自分が大切にしたいと思う人には、本気で気持ちをぶつけることがあります。

彼が怒ったり、苛立ったりしているのを感じたら、言葉だけでなく、抱きしめたり、ギュッと手をにぎったり、あなたの愛情を彼に注いであげてください。

あなたの愛を感じて安心できた彼は、あなたにも、他の人にも、愛を注いでいけるのです。

彼のストレスや不安を取り除き、愛の力でケアできるのは、そばにいるあなたしかできないことなのです。

魚座男子の愛し方

一緒に恋愛を楽しみながら、幸せを分かち合う

魚座男子にとって恋愛は、生きるうえで、なくてはならないエッセンスの一つです。

恋愛は人生において最も重要なことで、最高に素晴らしいものだと感じています。

もともと魚座男子は、人を愛することを使命として生きているところがあります。

ただし彼にとって、愛することと恋愛は少し違います。それは、使命とは異なるものです。少なくとも、恋愛は、自分が主役となってストーリーを展開させていきます。

魚座男子にとってはそうなのです。

恋愛至上主義で、想像力豊かな魚座男子にとって、恋愛は人生のなかの喜びであり、楽しみであり、幸せです。

「楽しみ」というと、遊びのように感じるかもしれませんが、魚座男子の場合は、そ

うではありません。好きな相手には、愛を惜しみなく注ぎます。そして、相手の幸せのために、精一杯の努力をします。

相手と一緒に恋愛を楽しみながら、幸せを分かち合おうとするのです。

そのため、好きな人とはできるだけ一緒にいたいと思っています。一緒に楽しい時間をすごすことで、自分も相手も幸せになる甘い時間を共有したいのです。

また、一緒にいる時間がなくても、想像力豊かな魚座男子は、会えない時間に好きな人のことを想うのが好きです。

つき合う前でも、つき合ってからでも、それは変わりません。

一緒にいるというのは、もちろんセックスも含まれます。

相手に触れること、愛を交わす行為のセックスをすることで、愛し、愛されていることを確認します。愛が確認できると安心するのが、魚座男子なのです。

魚座男子の結婚

結婚は恋愛の延長線上に必ずあるもの

心がつながることで安心できる魚座男子の結婚は、人生計画のなかで、あたりまえにあるイベントの一つです。

愛する人とは一緒にいたい魚座男子は、「愛する人と結婚して家庭をつくる」ということが、恋愛の延長線上に必ずあります。

彼にとっての結婚は、ごく自然な流れにあるものですが、人生では大きな節目であり、生活の変化となります。

恋愛して結婚という流れの場合は、周囲に祝福され、本人たちも幸せの絶頂にあります。それこそ、明るく楽しいことばかりのように思えるものですが、実際の生活となると、誰しも多少なりとも不安を伴います。

仕事のこと、家族や親戚のこと、住むところ……というように、現実が待っているのです。

想像力が豊かな魚座男子は、少し夢を見ていたいところもありますが、現実では甘いことは言っていられません。

そのため、彼らが結婚を決めるというのは、そういう不安や現実を一緒に乗り越えてくれる女性を選ぶでしょう。

「乗り越える」というのは、強い女性とか仕事をバリバリしている女性という意味ではありません。

彼の愛情を受けとり、その分、彼にも愛を注ぐことができる女性。そして彼の気持ちや優しさを理解し、助けてあげられる女性と、一生を共にしたいと思っています。

結婚式の宣誓（せんせい）に、

「よきときも、悪きときも、富めるときも、貧しきときも、病めるときも、健（すこ）やかなるときも、共に歩み……」

という一節がありますが、この文言の通りに、魚座男子は人生をパートナーと共に歩んでいきたいのです。

どちらかがぐいぐい引っ張っていったり、「奥さんは自分の言うことだけを聞いていればいい」と言ったりするような、亭主関白的なこともありません。

つねに一緒に喜び、楽しみ、幸せなときも、大変なときも、互いに慈しみ、励まし合って生きていきたいのです。

また、受け身で柔軟な魚座男子は、結婚のタイミングを彼自身で、「いつ」がいいということを決められません。二人の年齢や周囲の雰囲気にも左右されますし、相手の押しに弱いということもあります。

たとえば、周囲の友人たちがどんどん結婚していき、「そろそろおまえも結婚しろよ」と言われると、「そうなのかな」と思い込んで、そのときの彼女と結婚するという流れになったりします。

また相手の女性から「そろそろ結婚しない？」と言われたり、「結婚しましょうよ」という逆プロポーズ的な流れでも、つい結婚を決めてしまいがちです。

だからと言って、結婚したら、「それでおしまい」というふうには思っていません。

家庭や奥さん子どもには、たっぷりの愛情を注ぎ、優しさも変わりません。

また結婚後も、恋愛時代と同じように、あなたのそばにいて、あなたを守ろうとしてくれます。

そして一緒にいることで、安心と愛を確かめる魚座男子は、ひょっとしたらあなたのそばから離れず、子どもと同じくらいか、それ以上にあなたのそばにくっついたり、甘えてくるかもしれません。

彼はいつも愛情いっぱいです。それは結婚後も変わらず、あなたや家族にもたっぷりと注がれるでしょう。

5

Compatibility

魚座男子との相性

12星座の4つのグループ
火の星座、土の星座、風の星座、水の星座

12星座はそれぞれが持つ性質によって、4つの種類に分けられています。

（1）「火の星座」——牡羊座・獅子座・射手座
（2）「土の星座」——牡牛座・乙女座・山羊座
（3）「風の星座」——双子座・天秤座・水瓶座
（4）「水の星座」——蟹　座・蠍　座・魚　座

火の星座（牡羊座・獅子座・射手座）は、「火」のように熱い星たちです。特徴としては情熱的で、創造的なチャレンジをすることで元気になります。

土の星座（牡牛座・乙女座・山羊座）は、「土」のように手堅く、しっかり者です。現実的で慎重、忍耐力があり、感覚的な能力が発達しています。

風の星座（双子座・天秤座・水瓶座）は、「風」のように軽やかで、自由です。知識欲が旺盛で、社会的な物事を知的に理解する能力があります。

水の星座（蟹座・蠍座・魚座）は、「水」のようにしっとりしています。感情・情愛を基準に価値判断をします。自分だけでなく、相手の感情もとても重視します。

あなたの星座は、火、土、風、水の、どのグループに属しているでしょうか。

この4つの分類だけでも、魚座との相性がわかります。

（1）「火の星座（牡羊座・獅子座・射手座）」と魚座……ちょっと微妙

火と水の関係は打ち消し合うので、ちょっと微妙な関係です。

水が火の勢いを、いつも消してしまいます。つまり火のやる気や行動力を、止める役目をしてしまうのです。

「牡羊座・獅子座・射手座」と「蟹座・蠍座・魚座」は、互いを理解できず、それを相手にわかってもらえないことで、次第にストレスを感じるようになるでしょう。

(2)「土の星座(牡牛座・乙女座・山羊座)」と魚座……まあまあよい

土と水の関係は、協力できる関係なので、仲よしです。

土に水を加えれば大地はかたまり、強い絆が生まれます。水は土に栄養を運び、土は水を入れる器になるようにお互いが強みを出し合うことで力を発揮できます。

「牡牛座・乙女座・山羊座」と「蟹座・蠍座・魚座」はお互いの長所を発揮して、よい関係を築いていけます。

(3)「風の星座(双子座・天秤座・水瓶座)」と魚座……ちょっと微妙

風と水の関係も打ち消し合うので、ちょっと微妙な関係です。

風は自由でいたいのに、水があると風の動きが制限させられてしまいます。水も風があることで、波立ったり揺れ動かされたりします。

「双子座・天秤座・水瓶座」と「蟹座・蠍座・魚座」は、お互いに分かり合えないので、一緒にいても心がざわつき、違和感を抱えてしまうので、居心地が悪いのです。

（4）「水の星座（蟹座・蠍座・魚座）」と魚座……とてもよい関係
同じ水の性質同士なので、親しい関係になりやすいです。

一緒にいても違和感なく、出会ったばかりでも、すぐに親しくなれますが、同じ水の星座でも、蟹座、蠍座、魚座は性質が違います。どの星座も情があって、他の人からは「優しい人」と思われることが多いでしょう。けれども、それだけに人との距離が近くなりすぎて、ときにはケンカしてしまうこともあります。

似ているからこそ、相手の欠点も見えやすいということがあるのでしょう。

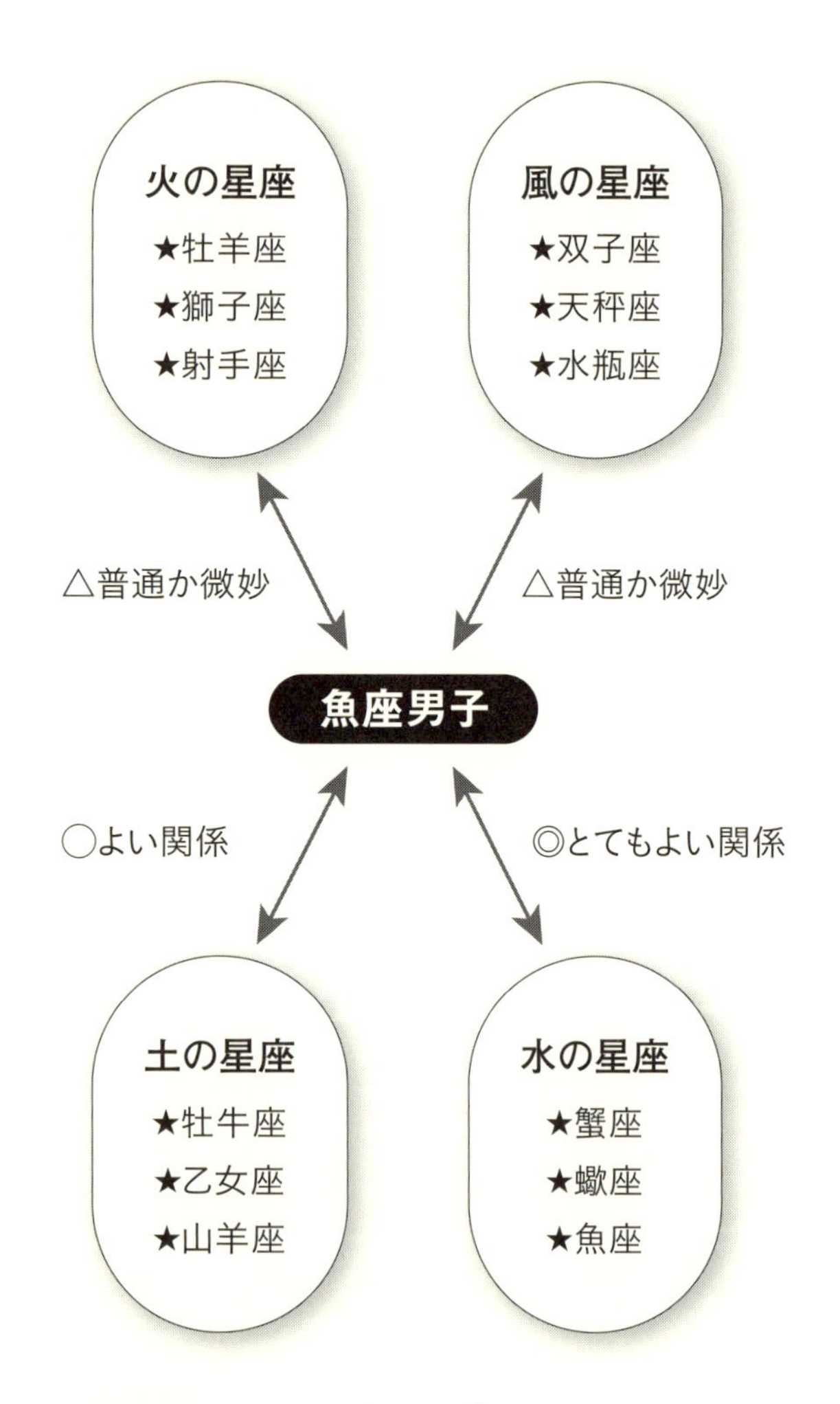

◉魚座男子と4つのグループ

12星座の基本性格

あなたの太陽星座は何ですか？

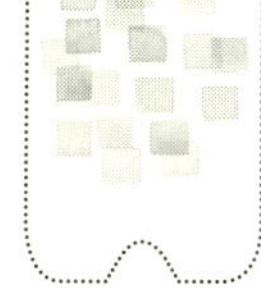

魚座とそれぞれの星座の相性を見る前に、まずは12星座の基本的な性格を見てみましょう。それぞれの星座について、象徴的な言葉を並べてみました。

【12星座の基本性格】
牡羊座：積極的で純粋。情熱的。闘争本能が強い。チャレンジ精神が旺盛。
牡牛座：欲望に正直。所有欲が強い。頑固。現実的で安全第一。変化を好まない。
双子座：好奇心が強い。多くの知識を吸収して行動する。器用貧乏。二面性。
蟹　座：母性本能が強い。同情心や仲間意識が強い。感情の浮き沈みが激しい。
獅子座：親分肌で面倒見がよい。豊かな表現力。創造性がある。誇り高い。

乙女座：緻密な分析力。几帳面。清潔好き。批判精神が旺盛。働き者。
天秤座：社交的。人づき合いが上手。バランス感覚に優れている。
蠍　座：慎重。物事を深く考える。時に疑り深い面も。やるかやらないか極端。
射手座：自由奔放。単刀直入。興味は広く深く、探求心が旺盛。大雑把。無神経。
山羊座：不屈の忍耐力。指導力がある。地味な努力家。臆病。無駄がない。
水瓶座：自由で独創的。変わり者。博愛。中性的。ヒラメキ。発見するのが得意。
魚　座：自己犠牲的。豊かなインスピレーション。優しい。ムードに流されやすい。

性格には「いい性格」も「悪い性格」もなく、すべては表裏一体です。
それぞれの星座の「象徴的な言葉」から、あなたなりの理解で、読みとることが大切です。

12星座女子と魚座男子の相性

組み合わせで、これからのつき合い方が変わる

牡羊座女子（火）と魚座男子（水）——△

牡羊座と魚座は「火」と「水」という、まったく違う性質の組み合わせです。

牡羊座女子は活発で行動力があります。考える前に行動していたり、そのときの勢いで何事も一生懸命に取り組みます。

魚座男子は穏やかで柔軟です。誰かのために力を貸したり、応援することは得意ですが、自分から行動するというより、人に合わせて協力するというタイプです。

そのため、お互いの価値基準が正反対といっても過言ではありません。牡羊座は情熱を目標やテーマに注ぎますが、魚座は人の心や奉仕の精神が強いのです。

初めは牡羊座女子の元気いっぱいな行動力と一生懸命さに、魚座男子は自分にない

ものを持っていることに興味を持ちます。そして魚座男子は牡羊座女子を応援したくなります。

牡羊座女子も優しくてソフトな物腰の魚座男子に安心し、信頼します。

魚座男子は牡羊座女子を愛して守ってあげようとしますが、牡羊座女子は目的に向かって一直線です。そして一緒に過ごす時間を大切にしたり、心が満たされることを大切にしている魚座男子の気持ちがわからず、また相手の心のケアやフォローなども上手ではありません。

ただでさえ魚座男子は寂しがりなところがあるので、自分の気持ちがわかってもらえないときなど、かまってほしくてたまりません。

牡羊座女子はそんなデリケートな魚座男子のことは理解できませんし、次第に面倒くさくなってしまいます。また気づかないうちに牡羊座女子が自己主張をしてしまい、魚座男子が合わせてくれているということもあります。

牡羊座女子の活発さと魚座男子のやわらかさという、どちらも自分にないものを持っている星座の組み合わせです。強制的にお互いの希望を満たそうとすると、そもそもの価値基準が違うので、心からわかり合うことなく長続きしない組み合わせです。お互いが協力し合い、自分にないものを認め合うことで人として成長できる関係にもなり得ます。

牡牛座女子（土）と魚座男子（水）――◯

牡牛座と蟹座は「土」と「水」という、協力し合える関係です。牡牛座は五感が鋭く、慎重です。魚座は直感が鋭く柔軟な性格です。

温厚で慎重な牡牛座女子と一緒にいると、魚座男子は居心地がよく、相手を守ってあげたいと思います。

牡牛座女子も柔軟な魚座男子のことを、一緒にいて居心地のいい相手だと感じるでしょう。

感覚が鋭い同士の二人は、それが共鳴し合うと、とてもいい関係になれます。

牡牛座女子のマイペースでこだわりが強いところも、魚座男子には可愛く思えるポイントです。牡牛座女子も魚座男子には、まるで家族のように甘えられるでしょう。でも魚座男子は自分の気持ちを抑えてまでも、相手に合わせてしまうところがあります。

牡牛座女子のこだわりが強すぎたり、頑固なところが出てしまうと、魚座男子は、自分の気持ちを押さえ込んだり我慢したりしてストレスをためていってしまいます。

牡牛座女子の持ち前の五感の鋭さを生かし、魚座男子の気持ちやストレスを察してあげましょう。魚座男子の心を理解し、自分のこだわりと相手への思いやりとの折り合いをつけるとお互いが居心地よく、よいつき合いが長く続けられるでしょう。

双子座女子（風）と魚座男子（水）——△

双子座と魚座は「風」と「水」という、まったく違う性質の組み合わせです。

双子座は自由で軽やかです。魚座も柔軟なところがありますが、愛情や感情を大事にします。

魚座男子は優しくて、誰にでも親切ですが、愛する人からは自分も優しくされたい、一緒にいたいと思っています。

でも双子座女子は、二人で一緒に過ごす時間を楽しみながら、一人で過ごす時間も大切にしたいのです。本音のところでは、愛情や感情にも執着がありません。

魚座男子の人恋しい気持ちや寂しいと思う心にはあまり注意がいかず、自由な言動をしてしまいがちです。

魚座男子も双子座女子も柔軟なところが似ているので、相手に合わそうとはしますが、双子座女子から言葉が出始めたら、もう誰も止めることはできません。魚座男子はただ双子座女子の話の聞き役になり、自分の気持ちは抑え込んでしまうでしょう。

またどちらも、恋愛に対して柔軟なところがあります。自分では浮気をするつもりでなくても押しに弱いところがあるため、他の異性と関係を持ってしまったということもあります。

魚座男子の愛情と広い心を双子座女子であるあなたが理解し、時には魚座男子の気持ちを聞いてあげることで、二人の関係は長く保てるでしょう。

蟹座女子（水）と魚座男子（水）――◎

蟹座と魚座は「水」と「水」という、同じ性質の組み合わせです。水の星座は、「優しさ」という共通の性質を持っています。

蟹座は自分のテリトリーのなかにある人やものには愛をたくさん注ぎますが、それ以外にはあまり関心はありません。それは、ときに排他的になることがあります。

魚座の優しさは、広い心で、多くの人に愛を注いでいきます。それば慈悲深く、ときに自己犠牲的な愛です。

どちらの星座も優しいのですが、その優しさの表現方法は少し違います。

またどちらも人の心を大切にする星座なので、通じるものはあります。生きるうえでの価値基準に「感情」が最優先事項にある星座同士なので、一緒にいても自然とお互いを気遣うことができるのです。蟹座女子は少し気分屋な面がありますが、魚座男子はその感情の変化が理解できます。

蟹座女子も魚座男子の献身的な愛情に満たされます。一緒にいることが、とても心地よい二人なのです。蟹座女子は好きな人には献身的に尽くします。そういう蟹座女子に魚座男子は愛を注いでいきたい、ずっと一緒にいたいと感じます。

一緒にいるだけで幸せを感じられる二人ですが、あまりにもお互いの存在を大切にしすぎて、依存関係に発展する場合があります。

なんでも彼氏優先、彼女優先では、お互いの可能性を狭めてしまうかもしれません。ときには優しさと愛のさじ加減が必要になってきます。

愛し合うのもほどほどに、と言いたくなるほど、相性のいい二人だといえます。

獅子座女子（火）と魚座男子（水）――△

獅子座と魚座は「火」と「水」という、まったく違う性質の組み合わせです。

獅子座は元気でつねに創造的チャレンジをすることで、自分を充実させることが得意です。そんな獅子座女子を、魚座男子はとてもまぶしく感じて、惹きつけられます。獅子座女子は総じて、ノリがよくてストレートです。魚座男子は、そんな獅子座女子に惜しみなく愛情を注ぎます。獅子女子にとって彼は、いつも穏やかでやさしい人、ではないでしょうか。

誇り高い獅子座女子は、他の人の前では、弱音を吐いたりしたくはないと思っています。だから、悩みや不安を抱えていても、それを自分から表に出したりすることはないでしょう。けれども魚座男子には、なぜか心を許せる。そこから彼への気持ちがスタートした、という人もいるでしょう。

また、他の人からはしっかりものだと思われている獅子座女子ですが、根は寂しがりやで、誰かにそばにいてほしいと思っています。そういうときには、魚座男子の愛情は居心地がよいものでしょう。

魚座男子の愛情に包まれ、獅子座女子は、自信をもって、自分の好きなことに取り組んでいけるでしょう。あきらめかけていたことも、新たに始められるエネルギーが湧き出すかもしれません。

獅子座女子のリーダー気質を、魚座男子があたたかい気持ちでサポートするとうまくいくでしょう。

まったく違う性質を持つ二人ですが、獅子座の生き方や社会での活躍、存在意義などを重視するところと、魚座の献身的で人の「心」を大切にする部分をお互いに理解し合えると燃え上がり、つき合うことができます。

乙女座女子（土）と魚座男子（水）——○

乙女座と魚座は「土」と「水」という、協力し合える関係です。

乙女座はとても細やかに人に気遣い、配慮することができます。魚座は柔軟な気持ちと直感力で自分と自分以外の人の心の変化に敏感です。

お互いに人を大切に思う気持ちが大きく、その能力に長けているのが、この乙女座女子と魚座男子の組み合わせです。

そんな二人は、相手のことを思いやることができます。「これをしたら相手が喜ぶのではないか」「こういうことをしたら相手が傷つくのではないか」ということを、自然に考えることができるのです。乙女座女子は、魚座男子のいつも柔軟な心で、相手を思いやる優しいところに惹かれます。魚座男子は、乙女座女子の清楚な雰囲気と気配りのできるところが居心地よく感じます。

そんな互いを気遣うことができる二人ですが、つき合いが長くなればなるほど、次第にお互いが言えないことや小さなストレスが積み重なっていくようになるでしょう。もともと繊細で、気くばりのできる乙女座と相手に自分を合わせようとする魚座です。相手を傷つけまいとしていることが、逆に自分のストレスを増やす結果になってしまうことにもなりかねません。

日頃から少しずつお互いの気持ちや考えを聞いたりすることを心がけましょう。

乙女座女子は考えること、魚座男子は感じることが得意な組み合わせです。また相手を傷つけたくないという気持ちも持っています。

自分たちの似ているところ、相手のいいと思えるところを認め合い、理解できないところは、お互いが少しずつ歩み寄るとよい関係が長く続けられるでしょう。

天秤座女子（風）と魚座男子（水）——△

天秤座と魚座は「風」と「水」いう、まったく違う性質の組み合わせです。

天秤座女子は華やかで社交的です。おしゃれな雰囲気を身にまとっています。実際、服や持ち物など、きれいでおしゃれなものが多いでしょう。

そんなあなたのことを、魚座男子は、まぶしく感じています。自分にはない軽やかさにも憧れているでしょう。

天秤座女子にとって魚座男子の思いやりと柔軟な心は、一緒にいて居心地がよく安心できる存在でしょう。

そんな二人がカップルになった場合、社交的な天秤座女子の行動が魚座男子にとって不安となり、ストレスの原因にもなりかねません。

魚座男子は一緒の時間を楽しみたいと思っているのですが、天秤座女子は社交的で華やかな場所を好み、またそういう場所が似合うので、魚座男子は放っておかれたような気持ちになり、不安が募ってきます。

心配性であれこれと世話を焼こうとする魚座男子に、天秤座女子は一緒にいることが息苦しくなってしまうでしょう。

彼のほうもまた、あなたのことが信頼できなくなって、結局は、二人の関係は長続きしないかもしれません。万一そういう結果になっても天秤座女子はモテるので、すぐに別の人が見つかるでしょう。

けれども、そうなる前に魚座男子の気持ちを理解し、優しい言葉をかけてあげることを心がけてみましょう。あなたの優しい言葉だけでも彼は安心できるのです。

まったく違う性質であるからこそ学びがあり、互いに成長していくこともできますが、それを受け入れられないと、そもそも交わることのない関係だということもできます。

お互いが負担に感じる前に自分にないものを理解し、話し合い、助け合うことで、二人の関係をお互いが成長できるものに変えていけるでしょう。

蠍座女子(水)と魚座男子(水)――◎

蠍座と魚座は「水」と「水」という、同じ性質の組み合わせです。

蠍座は洞察力があり、静かに深い愛を持っています。

魚座は鋭い直感力と優しく誰にでも注げる大きい愛を持っています。

どちらも愛という「情」を価値基準の最優先に持つ星座同士なので、自然とわかり合えるし、お互いが居心地よく仲よくなれる関係です。

蠍座女子は好き嫌いがはっきりしている星座ですが、魚座男子は誰にでも優しく柔軟に対応していきます。

蠍座女子も「情」を大切にする星座なので、彼の感情の変化も理解できるし、柔軟に人の心に反応するところを、彼の魅力として受けとめます。

そんなふうに自分のことを受け入れてくれることに、魚座男子は安心して、あなたを愛してくれるでしょう。

蠍座も魚座も、お互いが愛情を注ぐことで、さらに結びつきが増していきます。まさに二人だけの世界で、そこに入りすぎると、いつのまにか蠍座女子の愛は執着になります。

魚座男子もまた好きな人ができると、その愛に溺れてしまい、周りのことが見えなくなるところがあります。

二人が愛し合えば、愛に満たされた関係になれるのですが、愛情の注ぎ方をどちらかが間違ったり、裏切ったりすると、かなりややこしい関係になるのもこの二人です。

蠍座女子は、自分にある深い愛を、相手にも求めます。だから、それが少しでも裏切られるようなことがあると、彼のことを許せなくなってしまうのです。

魚座男子は、柔軟な心がゆえに浮気な星座です。あなたへの愛に変わりはなくても、他の女性との関係に流されてしまうこともあります。

そんな彼を、蠍座女子は絶対に許さないでしょう。愛した人だからこそ、裏切りが許せないのです。彼に反省させたい気持ちから、意地悪をしてしまうこともあるかもしれません。ときにそれがエスカレートして、自分でもコントロールできないということもあるでしょう。そうなると魚座男子は過剰にストレスを受け、精神的に不安定になったりします。

愛にあふれる二人だからこそ、愛を上手に育んでいく。あとで後悔することがないように、感情を上手にコントロールすることでよい関係を続けていきましょう。

射手座女子（火）と魚座男子（水）——△

射手座と魚座は「火」と「水」という、まったく違う性質の組み合わせです。

ですが、魚座は副守護星に木星という星を持っています。木星は射手座の守護星であり、魚座の副守護星となるのです。そのため射手座とは性質が違うけれど、理解できる部分があるのです。

たとえば射手座の制限されない探求心は、魚座のあふれ出る愛情と似たものがあります。木星が象徴する「拡大する」という制限のない広がりが、この二つの星座の共通の特徴でもあります。

その探求心は精神的な成長であったり、単に自分の興味であったりしますが、自由であることがいちばん大切といってもいいほどです。

そういう射手座女子を、魚座男子は尊敬し、彼女のためにできることがあれば何でもしたいと思っています。射手座女子も、魚座男子のやさしい気持ちが、嬉しいはずです。

二人の関係は問題なく進んでいくように思われますが、時間がたつうちに、魚座男子は、射手座女子の言動にストレスを感じてしまうかもしれません。

彼は、射手座女子と二人の時間と世界を大切にしたいのに、射手座女子は、一つのところに留まっていることが苦手なのです。そうなると、お互いにすれ違い、射手座女子はしだいに魚座男子の優しさが面倒になり、窮屈さを感じるようになります。

つき合いはじめた頃には、あんなに居心地のよかった彼の存在が、次第に疎ましくなっていきます。お互いの気持ちや価値観がすれ違って、もしかしたら、射手座女子のほうで心変わりしてしまうかもしれません。

魚座男子のほうは、ストレスを感じても我慢をしていたり、射手座女子とうまくいかなくなっても、射手座女子のことを引きずりがちです。

お互いに違う性質で、大事にしているものも違うけれども、理解できる部分はある組み合わせです。

射手座女子のほうが少しだけ彼の気持ちに近づこうと意識してみたり、自分にないものを理解し、助け合うことで、二人の関係をお互いが成長できるものに変えていけるでしょう。

山羊座女子（土）と魚座男子（水）――○

山羊座と魚座は「土」と「水」いう、協力し合える関係です。

山羊座は現実的で忍耐力のある星座です。この星座は目標を決めたら、コツコツと着実に積み上げていくことが得意です。

魚座男子は、そんな山羊座女子の力になってあげたいと思います。一生懸命に目標に向かっている山羊座女子の夢や生き方を尊重し応援してくれます。

山羊座女子は、頑張りやです。自分では普通にしていることなので、それがつらいということはあまりないかもしれませんが、自分のそばで優しく見守ってくれている人がいると思うと、心強く思うでしょう。

なにかと優しくしてくれる魚座男子のソフトな感じが心地よくて、「気づいたら好きになっていた」のではないでしょうか。

山羊座女子は、野心を持ち、それを達成しようと努力します。ただ夢を見るのではなく、現実的なことに立ち向かいながら生きています。そのために、つねに安定した言動をします。そんな山羊座女子のゆるぎない安定感は、魚座のやわらかいがゆえの不安定な心も安定させてくれます。

この二人が協力し合えると、お互いが欠けている部分や足りない部分を補えるので、とても安定した組み合わせになれます。

目標を達成しようと夢中になっているあなたには、魚座男子の柔軟さが理解できないこともあるでしょう。逆に、頑張りすぎるあなたのことを、魚座男子は心配になっています。

魚座男子は、自分の意思をはっきり言えないところもあります。ときどきは魚座男子に感謝の気持ちを伝えたり甘えてみましょう。

お互いに協力できることで、よい関係は長く続けられるでしょう。

水瓶座女子（風）と魚座男子（水）――△

水瓶座と魚座は「風」と「水」という、まったく違う性質の組み合わせです。

水瓶座はとても自由で、博愛的な星座です。権力や地位などによって人を差別することはなく、公平な心を持っています。

魚座は心優しいので困った人がいると、見て見ぬ振りができません。見返りは求めない愛情を持っています。自分を犠牲にしてまでも貢献していくのです。

そもそもの感覚が違う二人ですが、水瓶座女子は自分にまったくない価値観を持つ魚座に目新しさを感じます。魚座男子も、自由でどこかマイペースな水瓶座女子に興味を示します。

けれども、水瓶座女子は個性的でひらめきがあり、ファッションや考え方も一歩先をいく女性のイメージです。恋愛に関しても、魚座は好きな人と一緒の時間を大切にしたいのに対して、水瓶座女子は、自分からアプローチをしたり、恋愛にのめり込むということはありません。

魚座男子は、水瓶座女子の個性や価値観が理解できずに、寂しい思いをしたり、ときには傷ついてしまったりします。

水瓶座女子も、彼のことを知れば知るほど、自分とは合わないことを痛感するかもしれません。

自立している水瓶座からすれば、魚座の男子は柔軟すぎて自分の意思がないように見えてしまったり、頼りなく思えてしまうのです。

でも、水瓶座は魚座から、見返りを求めない優しさや、周囲の人たちといい関係を築いていく柔軟性を学ぶことができます。

お互いが自分にはない価値観を認めることで、人としての幅が広がり、成長していくことができます。

魚座女子（水）と魚座男子（水）――◎

同じ星座同士の組み合わせは、多くを語らずともわかり合える関係です。なにか出来事があったときにも、二人は、ほぼ同じように反応するからです。

初対面でも、なんだか気が合うと感じたら同じ星座だった、ということがあったのではないでしょうか。

同じ星座同士は、基本の性格が似ているので、話も合うし、行動するにしても、何も言わなくても同じことをしようとしていた、ということがあります。また、同じ星座の二人は、「雰囲気が似てるね」といわれることも多いようです。

相手を尊重し、お互いの好みを共有できると、とても強固なつながりを持つことができます。運命の出会い、永遠の同志、というような、かけがえのない存在として、お互いにとって、なくてはならないパートナーになれるでしょう。

愛を惜しみなく注ぐ魚座同士は、相手を大切に思う気持ちや、それを示すタイミングと分量が、お互いにとって「ちょうどいい感じ」で表現できます。だから、二人でいると安心して、愛し合うことができます。

燃え上がっているあいだは、二人だけの世界になって、誰も邪魔することはできないほどです。他のものを一切受け入れないくらいの、愛情で結ばれた気持ちになれるでしょう。

お互いに、相手を思いやる気持ちは十分すぎるくらいにあります。それが過剰になったり、彼だけの世界に浸りすぎたりしてしまうと、周囲が見えなくなり、お互いに依存してしまう関係になってきます。

愛しすぎたばかりに相手の言うことばかりを信じてしまい、お互いに離れられなくなるのです。

もともと相性もよく、幸せなカップルになれる二人です。愛の海で溺れてしまわないように、優しさのさじ加減が必要になってきます。

6
Relationship
魚座男子とのつき合い方

魚座男子が家族の場合

父親、兄弟、息子が魚座の人

父親が魚座の人

魚座男子を父に持ったあなたは、「お父さんは甘やかしてくれた」というような印象があるのではないでしょうか。

誰にでも優しく穏やかな魚座は、父親になっても、その優しさは変わりません。子どもに対しても、何かを強制したり、偉そうな態度をとったりもしない。たとえ子どもでも、その子の意思を尊重してくれようとしていたのではないでしょうか。

別の見方をすれば、魚座の父親は仕事に夢中で、家にいることが少なかったかもしれません。家にいないので、一緒にすごすことはあまりなかったこともあって、魚座の父親にとって子どもは、かわいくてしかたのない存在だったのです。

「勉強をしなさい」とか「〇〇をしなさい」というようなことも、言われたことはなかったでしょう。

むしろ、子どもがしたいことがあれば、それができるように応援してくれたのではないでしょうか。

それが、傍から見ると、「子どもに甘すぎる」となって、母親にいつも咎められていたという印象を持つ人も多いでしょう。

普段は家にいない父親でも、一緒の時間をすごすときには、父親のほうから子どもに近づいてきて、何かとくっついてきたという記憶がある人もいるでしょう。

思春期の頃には、そんな父親の甘さや優しさが、暑苦しいものに思えたり、過保護すぎると感じたりしたかもしれません。

けれども、それが魚座の父親の愛情表現なのです。

親であれば、子どものことをかわいく思うのは当然ですが、魚座の父親は、愛する子どもと一緒にいる時間は、できるだけ触れていたいと思っています。

滅多に叱ったり、声を荒げたりということはしませんが、躾けとなると、口調がきつくなることがあります。

とくに、あなたが家族に心配をかけたときには、いつもの穏やかな父親とはまったく違う面を見せることがあったかもしれません。

それはあなたのことがかわいすぎて、自分自身が心配したこともありますが、家族に心配をかけたということに対して怒っている、ということが多かったでしょう。母親や兄弟を心配させたり悲しませたりすることには、魚座の父親は厳しくなるのです。魚座の父親は、人の気持ちを何よりも大切にしているからです。

また、少し気が小さいところもあります。魚座の父親でも、「全然ソフトなイメージではなかった」という場合は、そういう気の小さいところを見せまいとして頑張っていたということがあります。

魚座の父親は、自分のこと以上に、あなたたち家族や子どものことを大切に思っています。家族のためにできることは、自分のことは差し置いても何でもしたいくらいに考えています。

父の日や父親の誕生日にかぎらず、父親の優しさや愛情を感じたら感謝の言葉を伝えましょう。日頃の「ありがとうございます」は忘れずに言いましょう。

家族からの感謝や励ましは、父親にとって、これ以上にない応援であり、プレゼントになります。魚座の人は涙もろいところがありますが、あなたの感謝の気持ちが伝わったときには、感動の涙を見せるかもしれません。

兄弟が魚座の人

魚座男子の兄を持つあなたは、小さい頃からたっぷり甘えさせてもらったのではないでしょうか。あなたのわがままも聞いてくれたり、面倒もよく見てくれる。おやつを分けてくれたり、勉強を教えてくれたりと、妹のあなたのためなら、自分のこと以上に、怒ったり、泣いたりしてくれた優しいお兄さんだったでしょう。

小さい頃は、一緒に遊んでくれたり、勉強したり、何かと一緒にいる時間が多かっかしたのではないでしょうか。

では、魚座の弟については、どうでしょうか。甘え上手な弟を、ついつい甘やかして、家族中が彼に振りまわされていた、ということはありませんか。

魚座男子は、泣き虫で甘えん坊なので、親の愛情をとられたように感じたこともあったかもしれませんが、それでも、なぜか憎めないかわいさがあります。

いくつになっても、かわいい弟で、「ちゃんとやれているのかしら」と心配になるほどです。そんなふうに心配させるところが、また「かわいい」のです。

魚座男子の兄弟は、家族を愛し、家族からも愛される存在です。いつも自分の気持ちよりも困っている人のことを思い、そちらを優先して行動しています。ときどき優しすぎると思える行動もしますが、社会では自分なりに頑張っています。

身近だとなかなか褒めたりする機会はありませんが、日頃から意識して、褒めてあげましょう。自分のこと以上に人の気持ちを大切にしている、魚座男子です。家族からの愛のこもった優しい言葉やふれあいは、魚座男子にはいちばん嬉しいのです。

息子が魚座の人

魚座の息子はどこか夢見がちです。子どもの頃は、誰でも架空の世界と現実のことがうまく区別ができずにいます。物語の主人公になったり、強い正義のヒーローになったりと、空想の世界を楽しんでいます。なかでも魚座の息子は、ふとした瞬間に夢と現実の区別がつかないことがあります。親としては、そんな息子のことを心配することはあるでしょう。

けれども、もともと神秘的な第六感を持つ魚座なので、「空想の世界だけ」の話ではないこともあるでしょう。

見えないものが見える。少し先のことがわかる。

勘が働く息子に、驚くこともありそうです。

親としては心配ですが、彼のイマジネーションは才能の一つなので、単なる空想の世界と片づけず、息子の話を頭から否定しないように気をつけたいところです。

魚座の優しさは、小さい頃から発揮(はっき)されます。幼児のときには、普通は自分を優先するものですが、魚座男子は、そういうところが少ないかもしれません。

自分のオモチャをお友達にあげたり、公園などの遊具で遊ぶときも、順番を譲ってあげたり、少し大きくなると、人の宿題をしてあげたり、ということもありそうです。

その優しい気持ちを持つことはそのままに、社会のルールとそこでの人との関わり方を教えてあげましょう。

強い口調や、彼の気持ちを無視するような叱り方にならないようにしてください。

魚座の子どもは、親であるあなたの気持ちを優先して、我慢したり、言いたいことが言えないということもあります。

優しすぎる息子の心を気遣いながら、ときどき抱きしめたり、愛情を伝えつつ彼の気持ちや考えを聞いてあげたりするのがよいでしょう。

魚座の息子は成長しても親や家族はもちろん、多くの人を愛し、そして愛される存在となるでしょう。

魚座男子が友人(同僚)の場合

最高の癒やし系

仲良くなるととっても気を遣ってくれる。でも、それまでは少し距離を感じたり、本当の彼がわかりにくいのも魚座男子の特徴です。

雰囲気は温和でやわらかい感じなので仲良くしたいのだけれど、出会って最初の頃は話しかけづらい雰囲気を出すこともあります。

魚座男子は性格は優しくて穏やかなのですが、初めからフレンドリーに接するというのは苦手な場合もあります。

たとえば、職場や趣味のコミュニティーで、「今日から仲間です」というような、安全が確保された環境の場合には、最初の段階から安心して、仲よくしたり協力したりできます。けれど、いきなりの初対面だと、仕事でもないかぎり、自分から心をオー

プンにして接するのは難しいのです。

押しに弱かったり、傷つくことが怖かったり、ということがあります。

そんな彼は、仲よくなれば、頼もしく、またホッとできる癒やしの存在です。よいときも悪いときも話を聞いてくれたり、仕事や勉強につき合ってくれたりと、気がついたら、ささくれだっていた心が癒やされていたということも多いかもしれません。

彼は、自分から率先して「あれしよう！」「これしたい！」ということはありませんが、一緒にいてなんだか馴染む、居心地がよいと感じさせてくれるのが、魚座男子の友人の特徴です。

いつも相手のことを考えて受け身になりがちな彼です。話すときは優しい言葉をかけてあげたり、彼の話を積極的に聞いてあげるのもよいでしょう。また感謝の言葉は、人の喜びがなによりも嬉しい彼にとっての自信になるでしょう。

魚座男子が目上（上司、先輩）の場合

気がまわって面倒見がいい

見かけは穏和で親しみやすそうな魚座男子の上司（先輩）ですが、気がまわるぶん細かく、仕事となると、その視点はより厳しくなります。

「目標の結果を出すこと」「数字を上げること」ということはきっちり見ています。

もちろん、人としての気遣いや、上司（先輩）として後輩のことはかわいがって面倒を見ようとは思っています。

日頃の雰囲気が穏やかで優しそうということで、甘えてはいけません。仕事では、結果につなげ、やることをきちんとしない人に対しての評価は低くなります。

評価が低いというのは、魚座の感情的には、嫌いな存在になってしまうのです。

普段はあまり好き嫌いを言うことはなく、嫌いな相手にも合わせることができる魚座です。けれども、いったん嫌いになると、かわいがったり、面倒を見たいと思うことがなくなってしまいます。

逆に、一生懸命に自分なりの努力をしている人には、評価が高くなります。

数字だけでなく、人間性というところも見ていますが、「仕事ができること」を魚座の上司は重視します。

一度、懐（ふところ）に入ってしまえば、よく面倒を見てくれるでしょう。

誰にも分け隔てがないのが魚座男子です。部下にとって、これほど安心できる上司は他にはいないといっても過言ではありません。

魚座男子が年下(部下、後輩)の場合

仕事のフレームを伝え、目標を明確にする

流れにまかせて自由な雰囲気のある魚座男子の部下（後輩）は、指示には従ってくれるし、よく気がつく。だから一緒にいても、どこか気が許せるところがある。

でも、ちょっと目を離すと、自分の好きなことばかりやっていたり、自分の仕事はそのままにして他の人を手伝っていたりします。

空想好きな魚座男子に指示を与えたり何かお願いしたりするときには、リミットの時間や範囲、結果などの一定のフレームをきちんと伝えることが必要です。

何かをやっているときに、ゴールが見えなくなったり、変更したりというのは、魚座男子にはよくあることなのです。それを悪いことだとは思っておらず、むしろそういうことが好きだし、自然なことだと感じているのです。

流動的に、そのときの状況で臨機応変に対応できるというのはとてもよいことですが、流されて、周囲の意見に飲み込まれてしまうこともあります。

また頼まれると断れないということもあり、自分の仕事があるにもかかわらず困った人を見ると、助けずにはいられない性分です。

そのため自分のやるべき仕事ができなかったり、後まわしになったりするのです。

そういう魚座男子の部下（後輩）には、抱えている仕事や、やるべき仕事などをこまめに確認してあげましょう。

魚座男子は、順序立てて整理することが苦手なところもあります。いっぱいいっぱいになっているときは、動揺やストレスを隠してしまっていることもあります。

日頃から自分の意思や考えを遠慮しているところもあるので、彼の得意なことや苦手とすることを把握したり、よく会話をして気持ちを聞いてあげましょう。

仕事が楽しくなると、夢中になる魚座男子です。いつだって助けてくれる、あなたの頼もしい味方になってくれるでしょう。

魚座男子が恋人未満の場合

日常から「善い人」でいることがお眼鏡に叶う

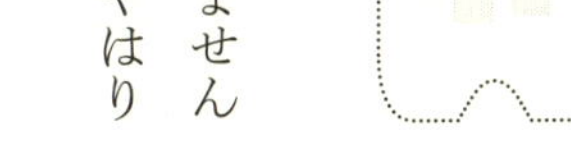

親切で共感性の強い魚座男子。理想や夢に向かってガツガツすることはありませんが、自分なりに頑張っている姿が、彼の素敵なところ。そういう彼の好みは、やはり「優しい女性」というのは必須条件です。

優しいと一言でいっても、いろいろな優しさがあります。そのなかでも魚座男子と同じ「思いやり」を持つ女性は、なくてはならない条件となります。

「相手のことを気遣うことができる」

「困ったことやつらいことがあった人には優しくしてあげる」

など、人としてはごく普通のことに思えますが、実際はやはり自分優先になってしまったり、自分に余裕がなかったりすると、なかなか難しいことです。

でもそういう気持ちを魚座男子は大切にするところがあります。

だからといって、誰にでも親切の押し売りをするのとは違います。

きちんと自分の意思を持ち、内面に芯のようなものを抱きながらも、人への感謝と愛を忘れない女性でいましょう。

強い口調で言われたり、押しつけられることに「NO」と言えない魚座男子なので、そういうところも配慮できるように心がけましょう。

また、12星座でいちばん神秘の力が宿る魚座男子です。好みの女性をインスピレーションで決めるところがあります。そのため一目惚れということもよくあります。日頃のあなたの言動からにじみ出る「人となり」の部分を見抜かれているかもしれません。

彼の前だけ良い人を装うことではなく、日常から「善い人」でいることが彼に近づく一歩になります。

魚座男子が苦手（嫌い）な場合

無理に好きになる必要はない、でも理解してみる

あなたは魚座男子のどこが苦手ですか？

自分の意思がないように思えるところですか？

誰にでも優しいところですか？

将来の夢や目標がはっきりしないところですか？

その全部でしょうか？

こうしたところは、魚座男子の性分なので仕方がないのです。

この星座の男子は、直感を信じ、人とのつながりや愛と優しさを心から大切にしたいと思っています。

広く穏やかな愛情があるために、人の心の揺れ動きに敏感です。相手の心を傷つけ

たくないために、自分の意見を言わなかったり、主張しなかったりすることもあります。

これはただ優しいというだけではなくて、相手を尊重しているからできることなのです。

人に敬意を示し、人の存在というものを尊重している魚座は、それだけ人としての器が大きいのです。

そのため困っている人は気になって仕方がありません。もちろんすぐに助けることはできなくても、心のどこかで気になって気になって「なんとかできないだろうか」という自問自答をしています。

もしあなたが優しさを押し売りと感じてしまったのならば、それはあなたとの親切の割合がすれ違ったのかもしれません。

人の心は自分以外の人にはわかりません。そのために本当にしてほしいと願うことと相手の行動が違う場合もあります。

魚座にかぎらず、誰かのためによかれと思ってしたことが見当違いで結果、余計なお世話ということもよくあります。

人を助けたいという思いが強い魚座は、その確率が自然と多くなりがちです。

また自分の夢や将来の目標があっても、それは自分のこととして自分の人生を楽しもうとする魚座男子は、あえて意思を主張したり表明したりすることをしません。

その瞬間や未来に夢を持ち、楽しむことで自分の人生を満たし生きていたいと思っています。

男性なら何か一本筋を通すところや譲れないものがあるはずという考えは、魚座男子にとっては、それほど重要なことではありません。

そのために目標がない、何をしたいのかわからない人と思われてしまうこともありますが、魚座は、人の心を満たし、みんなの幸せをつねに願っています。心優しく、人あたりもよいので、苦手（嫌い）という人は少ないでしょう。

彼に無理に合わせることはありませんが、彼の本質を少しでも理解し、見方を変えてみると案外、育てがいがあるかもしれません。あなたの愛の大きさで、優しく育ててあげてはいかがでしょうか？

7

Maintenance

魚座男子の強みと弱点

魚座男子の強み

見えないものを察する能力が高い

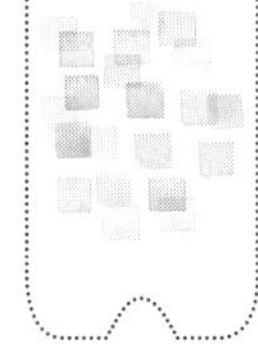

魚座男子のインスピレーションの鋭さは、他のどの星座もかないません。

「見えないものが見える」

「その場の空気を感じることができる」

という第六感があります。

ときには未来を予知したり、という不思議な力があるのです。

最近は世間でもスピリチュアルなことが受け入れられる時代になりましたが、そうした力は万人が持っているものではありません。

けれども、星座で見た場合には、魚座には、そういう力が宿りやすいといえます。

もちろん自分はそういう力なんて持っていないという人もいるかもしれませんが、そういう人でも、魚座男子は人の心という見えないものを察する能力が高いのです。
魚座の守護星の海王星は、潜在意識という心の奥にある意識を司(つかさど)ります。そのため目には見えないものへの感覚が鋭く、反応がいいという才能は、魚座は12星座のなかで一番なのです。

魚座のインスピレーションとイマジネーションは、不思議な世界を見たり感じたりすることにも使われますが、人の心という、見えないけれど人が生きるうえで大事なところに反応できるという力も持っています。

論理的に物事を順序立てて生きる生き方を好む人もいれば、気持ちやぬくもりを優先させる人もいます。魚座の場合は後者です。

だからこそ人をいたわることができたり、ときには癒やすことができるのです。

彼のそばにいると、心の豊かさの大切さと尊さを感じ、満たされていくのではないでしょうか。

魚座男子の弱点

壊れやすいガラスのハート

魚座男子は、ピュアなハートの持ち主です。

人の喜びや悲しみに反応したり、共感することができる、無垢(むく)な心を持っているのです。彼は傷つきやすく、壊れやすいガラスのようなハートなのです。

一度壊れてしまったり、傷ついたりしてしまうと、魚座男子はなかなか元に戻れません。ダメージが大きければ大きいほど、立ち直るまでに時間がかかります。

そういうことを自分でも察知しているところもあるので、そうならないように日頃からガードしようとしています。ささいなことでも不安になったり、心配性なところも、そのせいからなのです。

また人の思いを尊重するために、自分の思いや意見を主張しないところもあります。

嫌なことをされても、嫌な出来事があっても、発散せずに心のなかにため込んでしまうところもあります。そういう日頃の不安や心配が少しずつストレスとなって、心と身体に影響を及ぼしやすいでしょう。

魚座はストレスをため込むように水分もため込んでしまいます。ため込むというのは代謝が悪くなるのです。

体内の血液やリンパという液体の代謝が悪くなります。代謝が悪くなると細胞も活性化せず、体温調節や臓器がうまく動かずに病気を引き起こしてしまうのです。

献身的な優しさを持つ魚座男子は、なかなか自分自身のストレス管理が上手ではないところもあります。自分より他人を優先してしまうのです。

そういう彼の美しい心のストレスを、そばにいるあなたが優しい愛情を注いでケアしてあげましょう。

8 Option

魚座男子と幸せになる秘訣

魚座男子を愛するあなたへ

人の心を潤し、生きる力を与える彼の愛し方

魚座男子は穏やかで親切。

「話しもよく聞いてくれるから、そばにいるだけでなんだか居心地がいい」

「一緒にいると、自分のことより私のことを心配してくれたり、気遣ってくれる」

「癒やし系の存在だけれど、ときどき直感で鋭いことを言ったり、ドンピシャなことを言ってきたりする」

そんな魚座男子を選んだあなたは、彼の心を理解して、潤すことを意識して彼と向き合ってください。

彼の気持ちを聞いてあげたり、察してあげることを心がけましょう。

一緒にいるときも、少しマメなくらい彼の様子を気にかけたり、彼は本当はどうし

たいのかということを聞いてあげたりしましょう。

いつもは自分の気持ちよりも大好きなあなたのことを優先する彼なので、本心をなかなか言わずにあなたに合わせているかもしれません。

好きな人が喜ぶというのは誰もが嬉しいことです。ですが逆に片方ばかりの幸せや喜びを優先させると、どちらかの思いは抑えられてしまうことになります。

魚座男子は我慢したり、相手に合わせることで自分の気持ちを抑える性分がありま す。人の喜びで自分も満たされるということもありますが、でも魚座男子を愛したあなただけは彼の心を癒やしてあげることも必要です。

いつもは他の人に与えてばかりいる魚座男子には、あなたの愛情をたっぷりと注いでください。いつも癒やす側の彼を、あなたの愛で癒やしてあげるのです。

あなたの真摯（しんし）な愛が伝われば、より一層、彼はあなたを大切にしてくれるでしょう。

また彼の愛は、地球を覆う海や川の水のように人の心を潤し、生きる力を与える存在なのです。

それは守護星でもある海王星が示す海や水の神ポセイドンのようでもあります。
そんな彼らが元気だと、その場に優しい愛と幸せが満ちあふれます。
その愛と幸せは多くの人の心を潤し、癒やしていきます。
多くの人の心を幸せで潤す魚座男子には、あなたの愛がいちばん必要です。

魚座男子と一緒に幸せになる

慈悲深く希望の光をもたらす愛すべき存在

魚座は恋愛でも人生でも、夢を見ていきたい星座です。

夢を見ることとは現実社会では必要ないと考える人もいます。

でも夢がなければ、人は未来に希望もなく、生きる気力すらなくなってしまうのです。そういう夢見る力がある魚座は、人にも希望の光をもたらします。

世の中が殺伐（さつばつ）としていても、人々が疲弊（ひへい）していても、暗い世界に光をもたらすことのできる人なのです。その光は強くなく、ぼんやりとしたものや線香のように小さなものかもしれません。

でも真っ暗な闇のなかでは、そのわずかな光にも人はあたたかさを感じたり、希望を見出せるのです。

魚座の愛は決して強くないかもしれません。

でも彼らの存在があるからこそ、人は愛することに希望が持てたり、心が癒やされていくのです。

そういう魚座男子はやはり愛する人と一緒にいることがいちばん好きです。

愛する人がいるからこそ彼らは心が満たされます。ときには愛する人以外の感謝の言葉や励ましも彼らの励みになりますが、やはり愛している人と共に幸せになることが心の安らぎとなるのです。

女性なら誰しも一度は、「癒やされたい」という気持ちがあると思います。それができるのが魚座男子なのです。

人は生きていると誰もが、悲しい出来事や辛い思いというものを経験します。そういう時に魚座の慈悲深い心は人を救います。また逆に嬉しいことや楽しいことも自分のことのように喜んでくれます。

性格的には、少々自由で流されるところもあり、捉(とら)えどころのない面もありますが、すべてを包み込む魚座男子は愛すべき存在です。積極的に愛してあげてください。魚座男子にかぎらず、その人のことを知れば知るほど、欠点が目について、「やっぱりやめておこう」「こんな人とはつき合えない」と思うようになるかもしれません。でも、欠点はお互い様です。そして、欠点は長所の裏返しです。

そのことを理解して努力することに、私たちの生きる目的があります。

魚座男子と幸せになるには、彼を理解することです。

傷つきやすい彼も、優しすぎる彼も、受け入れてあげることです。

あなたが無理をする必要はありません。

あなたはあなたのままで、つき合っていけばいいのです。

彼が戸惑うこともあるかもしれませんが、彼なりに、あなたを理解しようとしてくれているのであれば、そのことを認めてあげてください。

お互いに認め合うことができれば、一人と一人の人間同士、愛し、愛される関係を築いていけるのではないでしょうか。

おわりに　相手を理解して運命を好転させる

人は夜空に輝く星を、はるか昔から眺めながら生活してきました。
それはただ美しいと感じるだけではなく、あるときは生きるために、あるときは王様や国の運命を見るために、星の動きや位置を見ていたのです。
昔の人は、月が欠けて見えなくなると大騒ぎでした。夜が真っ暗になるのは不安だったのです。反対に満月になると大喜びしたものです。
その月や星の動きや位置を、たくさんの人が関わりながら研究し、長い長い時間を経て、現代の私たちに伝えてきたのです。

さて、本書では、魚座男子のいいところも悪いところも書いてきました。

性格にはいいも悪いもなく、長所と短所は背中合わせです。長所がいきすぎれば短所になり、短所と思っていたところが長所になることがあります。

魚座は2月18日から3月20日（その年によって多少ズレがあります）のあいだに生まれた人です。西洋占星学では、一年は牡羊座から始まり、最後の魚座まで12の星座に分類しています。それぞれに長所があり、短所があります。

12星座で「いちばん神秘の力が宿る」魚座男子は、あなたの星座によっては、ときに理解しがたい存在かもしれません。

自分の常識では、

「どうして、そんなふうに言うの？」

「どうして、そんな態度をとるの？」

と思うことも少なくないかもしれません。

けれども、「魚座」の価値観や行動パターンを知れば、許せるかどうかはともかく、理解することはできるでしょう。

彼を理解することで、自分への理解を深めることもできます。

彼に対しての「許せないこと」は、あなたにとっての大切なことです。

それがわかれば、あなたのことを彼に理解してもらえるかもしれません。

魚座は慈悲深く、想像力豊かな星座です。あなたのことを理解したなら、それまで以上に、あなたにとって強い味方となります。


ところで、早稲田運命学研究会は、２００９年2月25日（新月）、一粒万倍日に発足しました。

「一粒万倍日」とは、「大安」と同じように縁起のいい日のことで、「一粒の籾が万倍にも実る稲穂になる」という意味です。結婚や開業、なにか新しいことをスタートするときには、この日を選ぶと繁栄します。反対に、この日に借金などをすると、借金が大きくなってしまうので避けなければなりません。

それはともかく、早稲田運命学研究会は、運命を読み解いていくことを目的として、私が主宰しているものです。

「運命」を読み解くには、その前に、そもそも「運命」とは何であるかを押さえておかなければなりません。言い換えれば、その人の「運命を決めるもの」とは何か、ということです。

これは、「占術」のジャンルで見ていけば、わかりやすいかもしれません。

つまり、姓名判断の人から見れば、「運命は名前によって決まる」というでしょうし、占星学でいえば、「生まれた星の位置で決まる」ということになります。

そう考えると、「運命を決めるもの」は、占い師の数だけあるといってもいいでしょう。それらのどれが正しい、正しくないということはありません。むしろ、そのすべてに一理ある、と私は思っています。

しかし、時に運と運命を一緒くたにしている人がいます。あるいは受けとる側が一緒くたにしてしまうことがある、ということもあります。

運命とは何かというときに、それは「運」とはまったく違うものだということを、しっかり憶えておきましょう。

「運」というのは、簡単に言えば、「拾えるもの」です。

「運命」は、「運」のように、たまたま拾ったりするものではありません。

「命を運ぶこと」が、「運命」です。自分の命をどう運ぶか、ということ。そこに「たまたま」という偶然はありません。

それだけに非常に厳しいものだ、と考えなければならないものです。

あることがきっかけで運命が変わった、という人は多いでしょう。

たとえば、結婚をして運命が変わったとか、そこの会社に就職して運命が変わった、というようなことがあるでしょう。

結局は「そうなる運命」だったということもできますが、もしも「変わった」とすれば、それは、その人自身が、あるところで「自分の命の運び方」を変えたことによって起きたのです。

この「運命を変える」ことは、簡単ではありません。

ある日誰かがひょいと自分を持ち上げて、「うまくいかない運命の道」から「うまくいく運命の道」に置き換えてくれたら楽ですが、そんな「奇跡」は起こりません。

しかし、あなた自身が、自分の「命の運び方」を変えさえすれば、あなたの運命はあなたの望むように変えることができるのです。


私はもともと運命論者で、文芸誌の編集者時代に、芥川賞作家にして、手相学・人相学の天才ともいわれた五味康祐に人相学・手相学をはじめとする「運命学」を直接学び、以来、独自に研究を重ねながら、運命に関する著作も多く執筆してきました。

当会顧問のアストロロジャー、來夢先生は、そんな私のことを「運命実践家」と呼びます。『12星座で「いちばんプライドが高い」牡羊座男子の取扱説明書』から始まり、12星座最後となる、本書でも共に監修していただけたことに感謝申し上げます。

このシリーズでは「全12星座」を通して、すべての男子の取扱い方を学んできました。私たちは毎日のように、いろいろな方にお目にかかっています。

しかしこの初めてお目にかかる男子は、それぞれが違う星座かもしれません。なにげなく話していても、とても快く話が通じる人もいれば、うまくこちらの心が通じない男子もいるはずです。

このときこの12星座シリーズを家に持っていれば、その男子の隠された心のなかを知ることができます。

家族でも、あるいは職場でも、一人ひとり星座が違うもので、それぞれの星座の特徴を知っているだけで、人間関係は非常にうまくいくものです。

私は22歳から作家とおつき合いを始めましたが、そのとき職場では「なぜ櫻井は若いくせに、有名作家とすぐ仲よくなってしまうのか?」と、不思議がられたものです。

その秘密はお目にかかる前に、お一人おひとりの星座を調べていたからなのですが、たったそれだけで、人気作家から可愛がられる編集者になれたのです。

人とうまくつき合えないと嘆(なげ)く前に、この「12星座シリーズ」を読んでみましょう。かりに明日が初めてのデートだとしたら、前夜に、彼の星座の取扱説明書を読んでみてください。

デートするからには、彼の誕生日は前もって知っておきましょう。ただし彼と初めて会ったとき、占いの話をしてはなりません。

男性は自分の人格、人柄で女性に選んでほしいのであって「占いで相性がぴったり」といわれるのを好まない人もいるからです。

そんな小さなことでも知っておくと、うまくいく可能性はぐんと高くなるのです。最後にもう一度繰り返しますが、この小さな1冊の本が、あなたの運命を大きく上昇させることになるのです。

くれぐれもそれをお忘れなく。幸運を祈ります。

早稲田運命学研究会主宰
櫻井秀勲

●監修者プロフィール

來夢（らいむ）

アストロロジャー&スピリチュアリスト。星活学協会会長。経営アストロロジー協会会長。早稲田運命学研究会顧問。マイナスエネルギーをいかにプラスに変えるかという実用的な視点から占星学を活用。OL、主婦からビジネスマン、成功経営者まで、秘密の指南役として絶大な支持を得ている。著書に『月のリズム　ポケット版』『「あたりまえ」を「感謝」に変えれば「幸せの扉」が開かれる』（きずな出版）、『「運」の正体』（ワック）、『らせんの法則で人生を成功に導く　春夏秋冬理論』『運活力』（実業之日本社）、共著に『誕生日大事典』（三笠書房）他多数。

シーズンズＨＰ　http://www.seasons-net.jp/

櫻井秀勲（さくらい・ひでのり）

早稲田運命学研究会主宰。１９３１年、東京生まれ。東京外国語大学ロシア語学科卒業。文芸誌の編集者から31歳で「女性自身」の編集長に。当時、毎週１００万部の発行部数を維持し出版界では伝説的存在。文芸誌の編集者時代に、芥川賞作家にして、手相学・人相学の天才ともいわれた五味康祐に師事。人相学・手相学をはじめとする「運命学」を直伝。以来、独自に研究を重ねながら、占い・運命学を活用。著作は『運のいい人、悪い人』（共著、きずな出版）、『運命は35歳で決まる！』（三笠書房）、『日本で一番わかりやすい運命の本』（ＰＨＰ研究所）など２００冊を超える。

早稲田運命学研究会　公式ＨＰ　http://w-unmei.com/

きずな出版

12星座で「いちばん神秘の力が宿る」
魚座男子の取扱説明書
2018年3月25日　初版第1刷発行

監修　來夢、櫻井秀勲
著者　早稲田運命学研究会

発行者　岡村季子
発行所　きずな出版
東京都新宿区白銀町1-13　〒162-0816
電話　03-3260-0391
振替　00160-2-633551
http://www.kizuna-pub.jp/

ブックデザイン　福田和雄（FUKUDA DESIGN）
編集協力　ウーマンウエーブ
印刷・製本　モリモト印刷

ISBN978-4-86663-030-4

12 星座別男子の取扱説明書シリーズ

12 星座で「いちばんプライドが高い」

牡羊座男子の取扱説明書

「行こう」と思ったら、もう足は前に出ている。

12 星座で「いちばんお金持ちになれる」

牡牛座男子の取扱説明書

目立つ方ではないけれど、なんだか頼れる。

12 星座で「いちばんモテる」

双子座男子の取扱説明書

好奇心のおもむくまま、何でも器用にこなす。

12 星座で「いちばん家族を大切にする」

蟹座男子の取扱説明書

愛する人のためなら命をかけてもいい。

12 星座で「いちばん成功する」

獅子座男子の取扱説明書

リーダーシップにあふれる肉食系。

12 星座で「いちばん男らしい」

乙女座男子の取扱説明書

いつも正しく真面目な姿勢に信頼が集まる。

各 1200-1300 円（税別）

書籍の感想、著者へのメッセージは以下のアドレスにお寄せください
E-mail：39@kizuna-pub.jp

http://www.kizuna-pub.jp

好評既刊

書籍の感想、著者へのメッセージは以下のアドレスにお寄せください
E-mail：39@kizuna-pub.jp

http://www.kizuna-pub.jp/